GIACOMO BRUNO

FARE SOLDI ONLINE IN 7 GIORNI

Guida Strategica per Guadagnare su Internet e Creare Rendite Automatiche di Denaro

Titolo

"FARE SOLDI ONLINE IN 7 GIORNI"

Autore

Giacomo Bruno

Editore

Bruno Editore

Sito internet

http://www.brunoeditore.it

Sommario

Introduzione

Fare soldi online sta diventando sempre più difficile anche in Italia. Il mercato cresce e c'è troppa concorrenza. Se sei stanco di investire e NON guadagnare, questa è la guida più autorevole che ci sia sul mercato. Migliaia di persone hanno imparato a guadagnare su internet grazie alle strategie che insegno e che io stesso utilizzo. Ora tocca a te!

Le strategie che trovi in questa guida sono le più efficaci che vi siano al mondo. Non voglio esagerare, ma sono più di 15 anni che studio le strategie dei più grandi uomini della Terra, dai grandi milionari americani ai grandi imprenditori italiani.

Mi sono specializzato in Europa e negli Stati Uniti nell'arte dell'eccellenza umana, la PNL (o Programmazione Neuro-Linguistica), la scienza che studia da oltre trenta anni i più grandi geni mai esistiti. Io sono Trainer Internazionale di PNL, nominato direttamente dal fondatore, dr. Richard Bandler.

Mi occupo da anni di crescita personale, professionale e finanziaria. Credo che questi tre settori siano strettamente collegati, perché non puoi dare il meglio di te come professionista se hai problemi di autostima e motivazione. Allo stesso modo non è facile essere felici e sereni quando hai problemi finanziari.

Non mi vergogno a dirlo e non credo che sia solo una mia idea. Un giorno, un grande guru della meditazione, è venuto dal Tibet in Italia per una conferenza; è arrivato in una di quelle Limousine lunghe parecchi metri, che si vedono solo nei film americani. Al giornalista che gli ha chiesto come riusciva a coniugare valori tanto preziosi come la povertà, l'umiltà, la meditazione e la felicità dell'anima a quella lussuosa automobile, ha risposto: "Pregare e meditare è importantissimo. È il fondamento della purificazione dell'anima. Ma pregare e meditare quando non hai una casa e vivi sotto i ponti, non è facile. E non è facile quando hai freddo e non ti puoi permettere un ambiente caldo. Oggi viviamo in un mondo in cui il denaro può migliorare la qualità della vita. Se hai una vita di qualità, allora ti puoi concentrare di più sulla preghiera e sulla meditazione".

Se il tuo obiettivo è migliorare la qualità della tua vita, allora questa è la guida giusta per te.

Ciò che trovi in queste pagine non sono i classici trucchetti per guadagnare qualche centinaio di euro al mese con qualche strano "lavoro da casa" basato su telefonate, vendite, email, sondaggi o altro. Parliamo invece di strategie che valgono migliaia di euro. Che a me sono costate migliaia di euro e tanti anni di studio e di esperienze.

Se pensi di essere troppo vecchio per imparare ad usare il Pc e internet, questa è solo una convinzione limitante. Sei libero di scegliere: ma se scegli la tua limitazione, magari passa questa guida ad uno più ambizioso e più sveglio di te. E intanto pensa a come ti sentirai sapendo che lui ha messo a frutto queste strategie al posto tuo.

Io mi impegno a guidarti passo passo nel tuo percorso per creare la tua prima rendita già nei prossimi 7 giorni. Lo so, sembra ancora incredibile, ma ti assicuro che è assolutamente fattibile e che già tanti prima di te lo hanno fatto e lo stanno ancora facendo con risultati straordinari.

Lasciati guidare, lasciati accompagnare come se io fossi lì insieme a te, come se la mia voce fosse davvero lì per seguirti e aiutarti.

Segui punto per punto tutto quello che ti consiglio, non fare di testa tua, non saltare i passaggi perché hai fretta. Inizierai a fare i primi soldi in pochi giorni, quindi stai tranquillo. Questo è semplicemente il meglio che ci sia in giro. Datti da fare per mettere in pratica queste strategie perché puoi davvero realizzare tutti i tuoi sogni e raggiungere la libertà finanziaria.

Buona lettura!

Giacomo Bruno

GIORNO 1:

Formazione e obiettivi

Dedichiamo il primo giorno alla tua formazione finanziaria. Nulla di complicato, persino un bambino potrebbe applicare questi concetti.

Iniziamo parlando di rendite di denaro: non sono altro che soldi che ti arrivano indipendentemente dal tuo lavoro. Ad esempio se hai un immobile e lo affitti, ogni mese avrai un'entrata fissa pari al canone di affitto. Certo non è da tutti avere un immobile. E, infatti, quello che ti mostro in queste pagine è come creare rendite di denaro a costo zero, cioè senza avere già dei soldi tuoi.

Probabilmente in questo momento ti stai chiedendo come sia possibile.

Forse hai già un lavoro che ti impegna tutta la giornata e quindi pensi di non avere tempo per creare una nuova attività che possa darti delle rendite. E poi potresti pensare di non essere bravo con il computer e con internet. E chissà quante altre convinzioni limitanti hai.

Bene, sappi che creare denaro è qualcosa di molto facile. E non è necessario lavorare duro, come ci hanno insegnato le generazioni passate. Se sei ancora convinto di questo sei rimasto molto indietro. Oggi esistono corsi di formazione professionale che ci insegnano esattamente come fare, utilizzando semplici strategie di persone che già lo hanno fatto.

Hai mai sentito parlare di Larry Page e Sergey Brin? Sono due giovani che con le giuste strategie sono arrivati molto in alto grazie ad internet: sono i fondatori di Google, oggi il motore di ricerca numero uno al mondo. E Bill Gates, ne vogliamo parlare? Ad oggi è stimato come l'uomo più ricco del mondo.

Invece penso che non conoscerai Alex Tew: uno studente che aveva bisogno di soldi per pagare la costosa retta universitaria. Si è inventato il sito MillionDollarHomepage, un'unica pagina 1.000 x 1.000 pixel, vendendo tutti i singoli spazi della home page a un dollaro cadauno: migliaia di visitatori incuriositi e decine di segnalazioni dalle riviste di settore (e non solo) hanno portato centinaia di aziende a volersi pubblicizzare su quella pagina. Totale: un milione di dollari in meno di sei mesi. Senza sforzo e senza fatica, semplicemente usando la testa e la propria creatività.

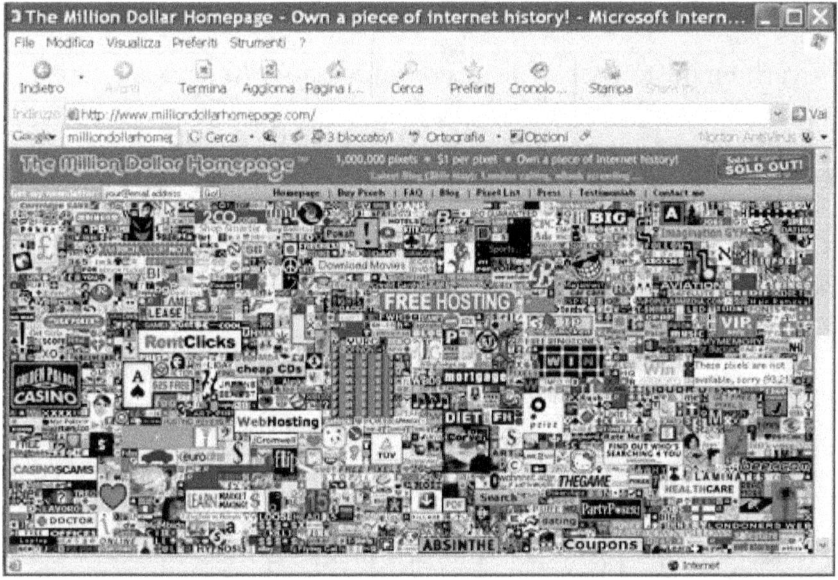

Insomma le possibilità sono infinite, ma per non farti perdere nel mare dei molteplici business ti guiderò passo passo verso il tuo successo. Perché lo faccio? Perché è il mio lavoro e io AMO il mio lavoro. E perché il mio lavoro è una SCELTA e non un obbligo imposto dalla necessità di arrivare a fine mese. Cosa che in genere accade per il 90% degli italiani.

Diciamoci la verità: l'italiano medio fa una vita non delle migliori. Inizia con la scuola e con dei genitori che gli passano convinzioni limitanti tipo "se vuoi avere successo nella vita, devi trovarti un posto fisso", "la sicurezza è tutto", "ti devi laureare".

Io sono laureato in Ingegneria che non è una facoltà facile e ti assicuro che non devo il mio successo alla laurea. Anzi, ti dirò che non mi è servita proprio a nulla. Il mondo del lavoro è un'altra cosa, e nessuno ci insegna né a lavorare né a lavorare con intelligenza. È l'intelligenza la dote da coltivare, non il lavoro duro.

Ti racconto una storia per spiegarti meglio questo concetto. C'era una volta un piccolo paesino in una zona molto arida della California. Manca l'acqua e così si indice un concorso per la gestione e il trasporto dell'acqua dal fiume. Vincono due persone a pari merito, John e Richard. John si mette subito a lavoro, compra due secchi e dalla mattina alla sera fa avanti e indietro dal paese al fiume, riempie il suo pozzo e inizia a vendere l'acqua, 1 dollaro per secchio. Anche se fa un lavoro molto stancante, inizia a fare tanti soldi. Richard invece scompare, e John guadagna bene con il suo lavoro. Ma dopo 6 mesi, Richard torna: con lui una squadra di ingegneri e di operai che nel giro di un mese costruisce un acquedotto che porta nel paese un flusso d'acqua continuo. Acqua più pulita, più economica, 24 ore su 24. John cerca di correre ai ripari: assume i due figli che insieme a lui lavorano giorno e notte per offrire un servizio simile a quello di Richard. Ma nonostante lavorino il triplo di prima, ottengono pochi risultati. John ha dedicato la sua vita al lavoro, ma ormai non regge più il ritmo e alla fine fallisce. Richard, invece, ha un flusso costante di denaro che entra nelle sue tasche e poiché ha tanto tempo libero si dedica alla famiglia e al divertimento. Nel frattempo con i ricchi guadagni fa costruire nuovi acquedotti in tutti i paesini della zona e diventa un ricco imprenditore. Si dà da fare, lavora con intelligenza e si espande sempre di più.

E allora, la mia domanda è questa:

*Tu stai portando ancora i secchi d'acqua
o stai costruendo il tuo acquedotto?*

Perdona la mia domanda brusca. A questo punto non importa se hai 20 o 60 anni, non cercare scuse o giustificazioni se ancora non sei ricco. Il passato è diverso dal tuo futuro. Se fino ad oggi hai lavorato come un mulo dalla mattina alla sera non vuol dire che hai sbagliato. Semplicemente non hai avuto la giusta occasione. Semplicemente non avevi strategie migliori e hai fatto la migliore scelta che potevi fare in base alle tue conoscenze di allora.

Ora è diverso: tra poco avrai in mano le migliori strategie delle persone più ricche del mondo e potrai iniziare a costruire il tuo acquedotto con pochi minuti al giorno.

Pochi minuti al giorno? Ebbene sì, il bello delle rendite è proprio che sono automatiche, cioè indipendenti dal tuo lavoro. Tu devi solo controllare che vada tutto bene e poi devi contare i soldi naturalmente. Fare soldi è divertente, e ancora più divertente è saperli gestire e proteggerli adeguatamente.

Il problema è che la cultura ci costruisce così, come fossimo fatti con lo stampino. Prima ti dicevo dell'italiano medio. Dopo che ha studiato per tutta la gioventù, si ritrova disoccupato. Oppure con un lavoro che non ha nulla a che fare con i suoi studi. Io ho un collega Ingegnere che si è laureato con me: ora fa le fotocopie presso un'azienda. Non è il massimo, no?

E così l'italiano medio guadagna un piccolo stipendio con cui tira avanti fino a fine mese. Poi conosce la donna della sua vita, si sposa e va a convivere. Con due stipendi insieme (se la donna lavora) ci si può permettere la prima casa: e vai con il mutuo per i prossimi trenta anni. Così passiamo la nostra vita inseguiti dai debiti.

Quella che Robert Kijosaky chiama la "corsa del topo": corriamo tutta la vita dietro ai debiti, lavoriamo sempre di più e spendiamo sempre di più. Nuove entrate per produrre nuovi debiti. È davvero quello che vogliamo? Un circolo vizioso che non ha mai fine, almeno finché non conosciamo le rendite di denaro. Quei soldi che ci entrano anche se non lavoriamo.

Attenzione che non ti sto facendo un discorso su quanto guadagni al mese. Il problema non è quello. Infatti, esistono professionisti che guadagnano 10.000 euro al mese, ma che non hanno un soldo da parte e spendono tutto. E che se smettono di lavorare hanno un crollo peggiore delle altre persone.

La questione è solo ed esclusivamente quella di comprendere il pilastro della finanza personale, ovvero il Cash Flow (flusso di cassa).

I segreti del CASH FLOW

Studia bene questo schema perché è il vero segreto della ricchezza. È il Cash Flow, il Flusso di Cassa, cioè la differenza tra le tue entrate e le tue uscite.

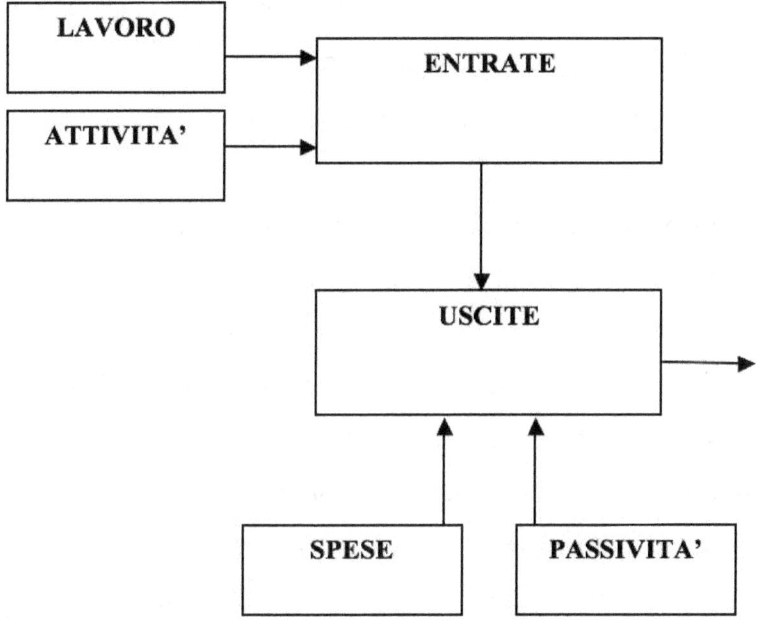

Le Entrate sono composte dai soldi che ti entrano per il tuo lavoro + i soldi che ti entrano dalle tue attività, come affitti, utili d'impresa, diritti d'autore, o altro ancora.

Le Uscite sono composte dai soldi che ti escono per le tue spese quotidiane (cibo, vestiti, istruzione, figli ecc.) + i soldi che ti escono dalle tue passività, come costi fissi, mutui, prestiti e finanziamenti.

Più semplicemente possiamo definire così attività e passività:

- Attività: tutto ciò che ti dà denaro
- Passività: tutto ciò che ti toglie denaro

Allora per diventare ricco devi creare attività, e più attività crei, più ricco diventi. Facile, no? Eppure la maggior parte delle persone compra passività, pensando che siano attività. La casa di proprietà ne è un esempio: tutti pensano che sia il più grande investimento della vita e invece è solo una passività perché toglie soldi dal portafoglio: mutuo, condominio, tasse di proprietà e chi più ne ha più ne metta. Sarebbe molto meglio, invece, investire eventuali soldi in nuove attività che creino rendite automatiche. E con quelle pagarci l'affitto per una casa da sogno.

Ora facciamo qualche esempio di cashflow: se ad esempio lavori e guadagni 1.000 euro al mese, e ogni mese li spendi tutti e 1.000, allora il tuo Cash Flow è 1.000-1.000=0 (zero).

Se lavori e guadagni 2.000 euro al mese, e ogni mese spendi 1.000, allora il tuo Cash Flow è positivo di 2.000-1.000=1.000 euro al mese.

Se come tutti gli italiani guadagni 1.000 e spendi 1.100, sei in una brutta situazione. Non è uno scherzo, purtroppo tendiamo a spendere più di quello che abbiamo, anche grazie a strumenti come le carte di credito che non ci fanno sentire la spesa. Tanto la paghiamo il 15 del mese successivo, quindi...

E allora la vera differenza è nel come è sviluppato questo cashflow: ecco perché è necessario fare una distinzione, tra classe povera, media e ricca.

1. CLASSE POVERA

È la classe di persone che ha cash flow pari a zero, quindi spende tutto lo stipendio; che ha il 100% delle proprie entrate grazie al proprio lavoro; che non ha casa di proprietà né debiti. Ad esempio la classica insegnante che prende 1000 euro al mese e li spende tutti. Il diagramma del Cash Flow è così:

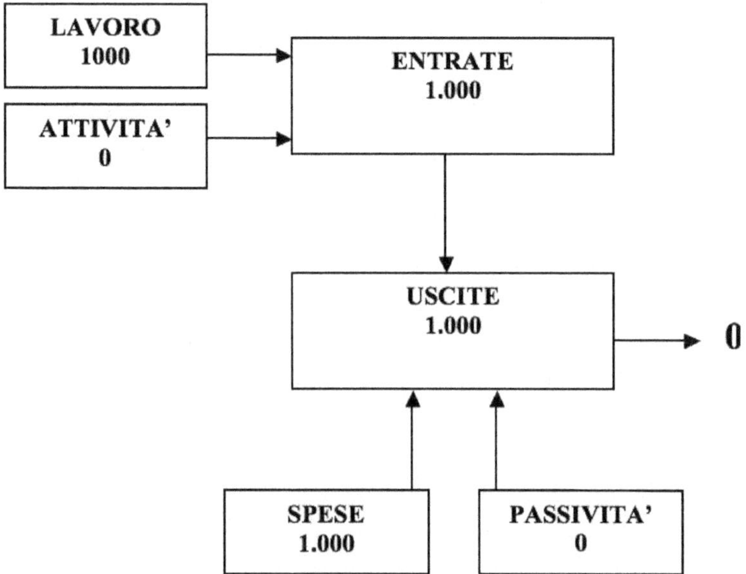

2. CLASSE MEDIA

È la classe di persone che ha un buono stipendio, ma comunque cash flow tendente a zero, in quanto spende tutto lo stipendio tra spese mensili e debiti bancari; quindi ha la casa di proprietà su cui paga il mutuo; inoltre ha il 100% delle proprie entrate grazie al proprio lavoro. Ad esempio il professionista che prende 3.000 euro al mese e li spende tutti tra tenore di vita alto e rata del mutuo.

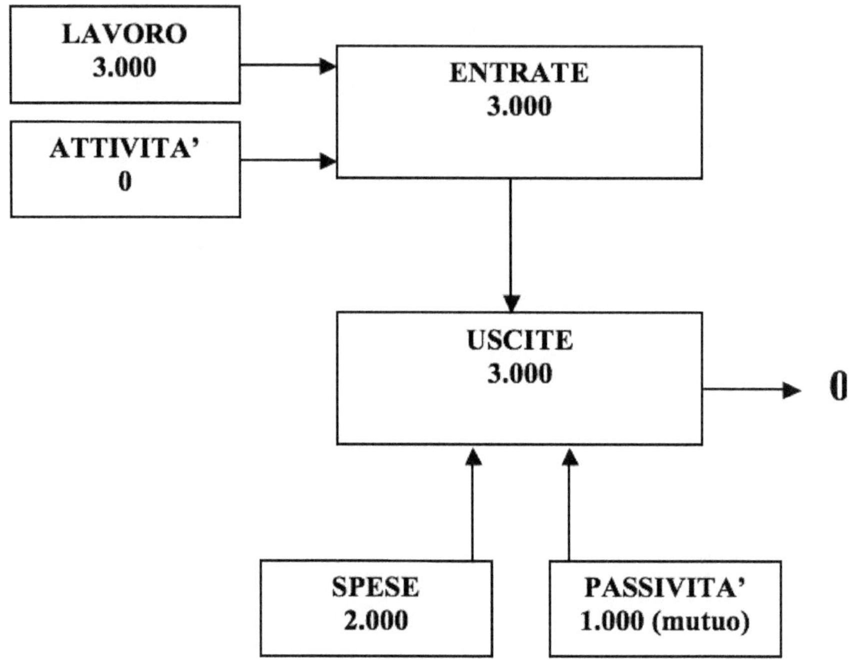

LAVORO
3.000
ATTIVITA'
0
ENTRATE
3.000
USCITE
3.000
0
SPESE
2.000
PASSIVITA'
1.000 (mutuo)

3. CLASSE RICCA

È la classe di persone che ha cash flow positivo, non tanto perché ha uno stipendio elevato o basse spese, ma perché ha attività che gli procurano rendite automatiche costanti. Ecco il cash flow tipico:

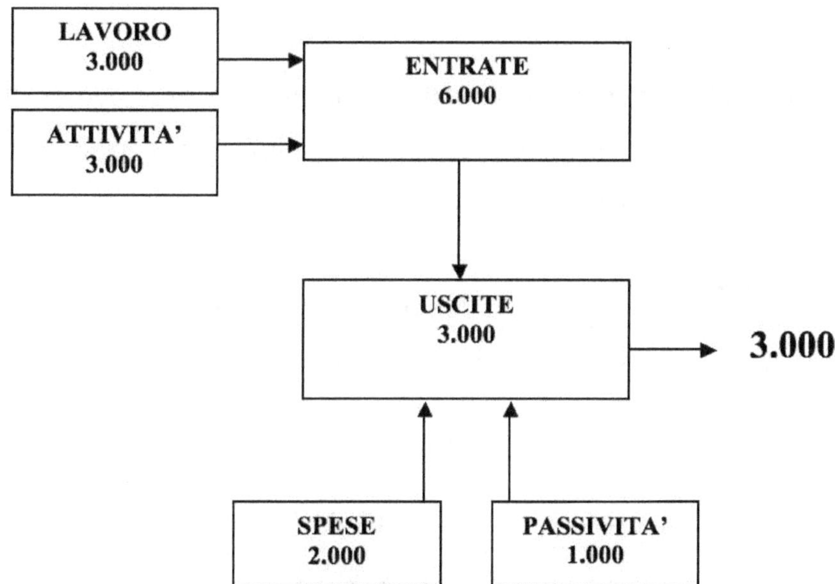

Come vedi la differenza sostanziale dalla classe media, non è nel tenore di vita (che è sempre da 2.000 euro al mese, come per la classe media) ma nell'aver ottenuto la libertà finanziaria.

Infatti, se il ricco smette di lavorare (e quindi il suo stipendio va a zero), le sue entrate dovute ad attività basterebbero a coprire tutte le uscite.

Ti rendi conto di cosa vuol dire? Te lo ripeto: il ricco può smettere di lavorare e avere comunque entrate sufficienti a vivere con il medesimo tenore di vita.

Questa è esattamente la definizione di ricchezza: quando le tue entrate dovute a rendite automatiche sono maggiori delle tue uscite totali.

RICCHEZZA =

ATTIVITÀ > USCITE

Questo vuol dire che puoi vivere senza lavorare. Ecco cosa è la ricchezza, ecco cosa è la libertà finanziaria. Forse è vero che il denaro non dà la felicità, perché la felicità ci viene da dentro, e questo è uno dei massimi insegnamenti che ho imparato dalla vita e che insegno durante i miei corsi in aula.

Ma è altrettanto vero e certo che il denaro ti dà la libertà. La libertà di decidere che lavoro fare, se lavorare o meno, di mandare a quel paese il tuo capo, di avere più tempo libero per i tuoi hobby, per la tua famiglia, per i tuoi figli.

"Essere ricco è un dovere che tu hai nei confronti di te stesso e delle persone che ti sono intorno" - *Giacomo Bruno*

La domanda ti sorgerà spontanea: ok la teoria è chiarissima, quindi come faccio a diventare ricco? Io credo che la risposta tu già la abbia dentro. Sicuramente non puoi diventare ricco facendo il lavoratore dipendente in una qualche azienda. Se ti va bene, farai la fine dell'italiano medio e ti indebiterai a vita per comprare una casa, non appena ti avranno dato l'aumento.

Allora ti laurei e diventi un professionista? Non so, un medico, un avvocato, un architetto o altro? Vedila così: se ti va male non hai un cliente e chiudi il tuo studio a breve. Se invece ti va bene hai troppi clienti, troppi appuntamenti, non hai un attimo di respiro né un briciolo di tempo libero.

Ne conosco tanti in questa situazione che si rivolgono a me per sessioni di coaching personale in cerca di più tempo da dedicare a loro stessi. Ma soprattutto cosa succede se per qualche motivo non possono lavorare?

Un mio amico è un abile fisioterapista, guadagna parecchi soldi. E ha l'hobby di scalare le montagne. Alcuni mesi fa si è fratturato una caviglia ed è completamente immobilizzato: niente lavoro, niente soldi. Chi le paga le bollette? E l'affitto? E chi mantiene la famiglia?

Puoi essere il più pagato dei professionisti, ma non avrai più tempo libero per goderti quei soldi. E se ti succede qualcosa e non hai messo da parte quanto basta per sostenere le tue uscite fisse per diversi mesi sei in guai seri. E se hai un mutuo aperto e ritardi o salti un pagamento, la banca ci mette poco a metterti all'asta la casa…

Quindi hai un solo modo per diventare ricco e ne ho parlato approfonditamente anche nel mio corso *Ricchezza*. Diventa imprenditore, crea un'attività tutta tua che ti dia rendite fisse ogni mese. Ad esempio scrivi un libro e dallo a un editore: lui lo vende e si occupa di tutto e tu guadagni sui diritti d'autore.

Oppure crea un sito internet che venda dei prodotti in automatico, 7 giorni su 7, 24 ore su 24: così guadagnerai anche mentre dormi.

Le idee possono essere tantissime, ma ora non preoccuparti: ti sto guidando passo passo verso la creazione di un'attività di successo in breve tempo.

Ora ti sto dando solo delle idee e degli spunti per cambiare la tua percezione mentale sulla ricchezza: fare soldi è facile e non è necessario avere soldi per fare soldi. L'unica cosa di cui hai bisogno è il tempo.

Per i ricchi il tempo è il bene più prezioso, quindi non sprecarlo. Cerca attività che funzionino da sole, che non richiedano la tua presenza costante.

Ad esempio un giorno mi trovavo faccia a faccia con un grande imprenditore che voleva aprire un ristorante, il sogno della sua vita. Secondo te un ristorante è un buon investimento? Ma neanche per sogno. Un ristorante richiede grandissimi capitali per acquisire la licenza e i muri dell'attività, richiede enormi abilità di gestione, di marketing, di comunicazione. E soprattutto richiede la presenza costante e continua per far sì che vada tutto bene: tutti i grandi ristoranti che funzionano hanno il padrone lì che vigila e controlla; è normale.

Sicuramente è un'attività che può dare ricche soddisfazioni economiche, ma non è certo quello di cui noi siamo in cerca. Noi vogliamo fare soldi facilmente, senza stress, senza capitali iniziali e senza esperienza. E sicuramente sei d'accordo con me.

OBIETTIVI

Il tuo obiettivo è questo: fare soldi e creare rendite di denaro in poco tempo e senza una base di partenza.

È il sogno di tanti. La PNL, Programmazione Neuro-Linguistica, la scienza che da oltre trenta anni studia le persone di più ampio successo nel mondo mi ha insegnato che un sogno diventa un obiettivo realizzabile solo quando gli metti una data di scadenza e ti dai da fare per raggiungerlo. E quindi la maggior parte delle persone continua a sognare senza agire.

E allora ecco la mia sfida:
"La tua prima rendita in soli 7 giorni"

Non sto scherzando: ce la puoi fare tranquillamente, basta agire secondo le indicazioni che ti fornirò. Sono strategie collaudate, efficaci, utilizzate dai più grandi uomini di business del mondo. L'ho fatto io, l'ho insegnato a migliaia di persone in tutta Italia sia durante le sessioni di coaching personale sia con i miei corsi in aula e con i miei videocorsi.

È facile quando si ha voglia di fare e si hanno le giuste strategie. I cinesi dicevano "è stolto colui che pensa senza agire; ed è stolto anche colui che agisce senza pensare".

Azione massiccia e strategie efficaci: con questo binomio in mano si ottengono risultati grandiosi e immediati. Senza esperienza, senza capitali, senza tempo a disposizione. Wow.

Non lo credi possibile? Fai attenzione a ciò che credi possibile, ovvero le tue credenze (o convinzioni), perché determinano quello che tu fai, e quindi i risultati che ottieni.

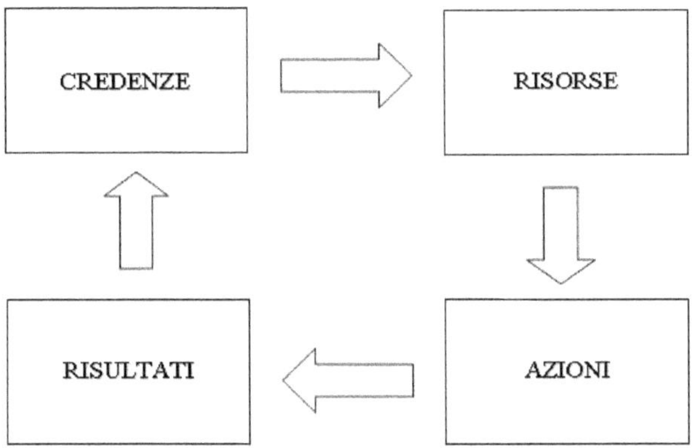

"Se credi di poter fare qualcosa o di non poterla fare, hai comunque ragione." diceva Henry Ford.

E le cose stanno esattamente così: se tu credi che non sia possibile creare rendite in pochi giorni, allora non accederai a grandi risorse interiori come la determinazione o la sicurezza o la voglia di fare. E che azioni intraprenderai? Forse nessuna, prenderai questa guida e la butterai pensando di aver perso tempo e soldi. E senza azioni nessun risultato. E sai una cosa: sarai ancora più convinto che non era possibile e ti dirai "Lo vedi che avevo ragione? Non ho ottenuto nessun risultato". Ovvio, non hai agito e non hai seguito le strategie. È un circolo vizioso che si chiama "Ciclo dell'Insuccesso".

Ma per fortuna vale anche il contrario e puoi trasformarlo in un circolo virtuoso che si chiama Ciclo del Successo. Ok, ci credi, sei convinto di potercela fare, trovi tutta la determinazione che è in te, ti dai da fare, agisci come mai prima d'ora e ottieni risultati grandiosi. "Lo vedi che era possibile, ce l'ho fatta". Se credi di poter fare qualcosa o di non poterla fare, hai comunque ragione.

Le convinzioni possono essere limitanti o potenzianti, sta a te decidere cosa fare e come vedere le cose. Ognuno è artefice del suo destino, ripeto spesso durante i miei corsi e nel corso Motivazione, dedicato alle convinzioni potenzianti che ti spingono all'azione.

Se pensi che io possa darti la formula magica della ricchezza senza che tu faccia nulla, allora sei fuori strada.

Io ti garantisco le migliori strategie che esistono oggi nel mondo per fare soldi partendo da zero, tu però ci devi mettere volontà e determinazione. Hai bisogno di credere in me e in te stesso e di concedere la tua fiducia a entrambi per ottenere il risultato che desideri.

Internet è la risposta a tutti i tuoi dubbi. È l'unico strumento oggi esistente che rende possibile la mia promessa di darti una rendita in 7 giorni. Infatti, puoi creare e mantenere un'attività sul web senza avere esperienza, senza investire il tuo tempo, senza capitali di denaro per avviare il tutto.

Qualsiasi ragazzino dai dieci anni in su, ha un sito internet e se lo è fatto da solo in pochi minuti. Oltre un miliardo di pagine web apparterranno pure a qualcuno, o no? Ti garantisco che il 95% dei siti è a carattere amatoriale ed è stato creato da qualcuno nel mondo che voleva dare il suo contributo.

Io ho iniziato da zero quasi dieci anni fa e non ne sapevo niente, né avevo amici che mi potessero insegnare perché ero un pioniere di internet. Mi sono messo lì e ho imparato a fare un sito con uno dei tanti programmi a disposizione. Ma la questione non è quella di creare un sito, perché se vuoi te lo fai fare da qualcuno più esperto.

La questione è fare un sito web che crei denaro costante nelle tue tasche. Un sito web che venda prodotti tuoi o di qualcun altro, che venda in continuazione, che attiri visitatori ogni giorno, che crei passaparola per quanto è efficace. Un sito web che conquisti i suoi visitatori, che li faccia sognare, che gli faccia sentire i benefici del prodotto, e che li convinca all'acquisto perché è un prodotto di cui non possono fare a meno in quanto soddisfa i loro bisogni più reconditi.

Ho prodotto il videocorso Web Marketing appositamente per insegnare strategie efficaci per fare soldi, comunicare, vendere e persuadere nel web. Se vuoi approfondire te lo consiglio, perché è molto attinente al lavoro che stiamo facendo insieme oggi.

L'idea di partenza è quella di guadagnare denaro costante da internet, partendo da zero e dedicando pochi minuti al giorno. Non sono le classiche promesse teoriche, ma strategie solide, concrete ed efficaci per realizzare subito delle rendite di denaro aggiuntive: i segreti dei grandi milionari americani per partire da una semplice idea e realizzare flussi di denaro costanti.

La tesi della laurea in Ingegneria mi è servita: decine di pagine e tanti anni di studi sulla "web usability", l'arte di rendere facile e navigabile un sito web. Per fartela semplice, hai presente quando navighi su un sito e non riesci a trovare quello che stai cercando?

Magari le informazioni che cerchi sono a poche pagine di distanza, ma i collegamenti sono disposti talmente male che non riesci ad andare avanti. È frustrante per te che stai navigando e che quindi abbandoni il sito in favore di uno più usabile.

E ti assicuro che è altrettanto frustrante per il direttore di quel sito sapere che ha perso un cliente perché il sito è poco usabile. Tutti soldi in fumo perché non si è studiato abbastanza la struttura del sito.

Questo non capiterà a te. Innanzitutto perché sei il primo a navigare e quindi hai ben presenti le esigenze e il punto di vista di un utente, poi perché ti do io le migliori strategie di web marketing e web usability per rendere il tuo sito accattivante e facilmente navigabile dai tuoi clienti.

RIEPILOGO DEL GIORNO 1:

- Le rendite di denaro fanno la differenza tra poveri, classe media e ricchi.

- Le tue entrate devono essere indipendenti dal tuo lavoro.

- Solo un imprenditore può diventare ricco.

- L'obiettivo è un sogno con una scadenza temporale e con una valida strategia d'azione.

- Le convinzioni determinano i tuoi risultati e gli obiettivi che raggiungi.

- Servono azioni massicce e strategie efficaci.

- Un sito web è la migliore strategia per creare denaro costante in pochi giorni.

ESERCIZIO DEL GIORNO 1:

- Disegna il tuo Cash Flow e verifica entrate e uscite nel tuo attuale bilancio.

- Scrivi i tuoi obiettivi finanziari: quanto vuoi arrivare a guadagnare in un mese?

- Scrivi le tue convinzioni limitanti e quelle potenzianti.

- Naviga su siti di commercio elettronico e nota se sono usabili e facilmente navigabili.

GIORNO 2:

L'idea e il prodotto

Ritengo che a questo punto tu sia abbastanza maturo per partire. Il primo giorno hai compreso che per fare soldi e creare rendite l'unico modo è diventare imprenditori e creare una tua attività. Il secondo giorno hai imparato che l'unico modo per creare un'attività a costo zero, senza esperienza e in poco tempo è affacciarsi sul mondo di internet.

Ora è arrivato il momento di iniziare a parlare di questioni concrete. Devi stabilire la tua idea centrale: intendo il settore su cui vuoi aprire il tuo business.

Penso di saperne abbastanza per dirti che gli argomenti più in voga su internet sono sempre gli stessi da dieci anni a questa parte:

- Musica
- Sesso
- Telefoni cellulari

- Gratis
- Software

Verificarlo è molto semplice: vai su un motore di ricerca qualsiasi, ad esempio <u>Google</u>, e digita "Gratis". Troverai milioni di risultati. Fai la stessa cosa con "Musica" o "MP3": sempre milioni di risultati: la lista è davvero infinita. E così via. Prova invece a cercare "Autostima": i risultati non si avvicinano neanche lontanamente alle suddette parole chiave.

Il motivo è semplice: la gente su internet cerca informazioni gratuite. Sono molte di meno le persone che cercano il miglioramento personale, l'autostima, la motivazione. Oggi la formazione è ancora considerata un bene di lusso. Secondo me invece certe cose dovrebbero essere di pubblico dominio e dovrebbero essere insegnate nelle scuole. Ma non voglio dilungarmi su una questione delicata.

Il punto è che i temi dominanti sono quelli, che la gente ha bisogni e desideri da soddisfare e che quindi ha bisogno di prodotti specifici. Al tempo stesso devi stare molto attento: le parole più cliccate non sono necessariamente anche quelle più pagate. Quelle cioè per cui le persone sono disposte a tirar fuori denaro. Attento, perché questa informazione che ti do può fare la differenza tra un professionista e uno improvvisato.

Pensa a "gratis": è sì una delle parole più ricercate in Italia, ma quante persone sarebbero disposte a pagare un prodotto che ha a che fare con il gratis? Sarebbe un controsenso non da poco.

Al contrario tante persone sono più propense a tirar fuori soldi per servizi legati al sesso. E stai tranquillo che lo fanno in molti. Però è un settore che personalmente ed eticamente non mi piace, preferisco lasciarlo ad altra gente.

In ogni caso, qualsiasi sia la tua scelta finale, potresti pubblicizzare uno di questi servizi a pagamento e fare parecchi soldi di commissioni. Io l'ho fatto per diversi anni, nella massima trasparenza dei costi per l'utente, e la rendita che ne derivava era davvero buona. Ritengo che quando dai un servizio chiaro, semplice, usabile e trasparente le persone si fidano e ti premiano. Ricordalo sempre, specie quando ti proporranno quei dialer che subdolamente fanno spendere troppi soldi ai tuoi utenti. Evitali perché non rispettano l'etica del rapporto venditore/cliente.

Ricordati che un cliente soddisfatto parlerà bene di te in media a 3 persone e quindi ti aiuterà a vendere di più con il passaparola. Invece un cliente non soddisfatto parlerà male di te ad almeno 7 persone, contribuendo a farti passare un brutto periodo. Quindi rispetta sempre i tuoi clienti e dagli il meglio che puoi.

Potresti anche creare qualcosa che ancora non esiste in Italia. La creatività ti potrebbe portare a creare un prodotto nuovo. Le possibilità su internet sono davvero infinite e puoi creare qualsiasi prodotto o servizio. Se è utile in qualche modo, allora ci sarà qualcuno che vorrà comprarlo. A patto di pubblicizzarlo bene e fare un sito web che rispetti determinati canoni e strategie, come vedremo tra poco.

Per decidere concretamente in quale settore aprire la tua attività, puoi farti aiutare da uno strumento poco conosciuto, ma molto utilizzato dai grandi guru del web marketing. Si chiama "Keyword Planner" ed è molto facile da usare. Ti consiglio il selettore di parole chiave di Google:

https://adwords.google.it/KeywordPlanner.

Inserisci la parola chiave relativa a un settore che ti interessa e lui ti dice quante volte è stata cercata nel motore di ricerca nell'ultimo mese, e te lo dice anche per tutte le parole simili o correlate.

Puoi utilizzarlo per capire cosa sta cercando il pubblico e puoi usarlo eventualmente anche per decidere quale prodotto vendere in base ai numeri del mercato.

Se ad esempio sei un appassionato di cucina e decidi di creare una guida sulle migliori ricette per cucinare, verificherai quali parole chiave hanno un alto numero di ricerche. Queste ad esempio sono le parole chiave correlate a "ricette", dove il numero a sinistra indica il numero di ricerche mensili per quella specifica parola:

449127 ricetta
12397 ricetta estive

7761 ricetta cucina

5632 ricetta dolci

4752 ricetta gelato

4102 ricetta antipasto

3990 ricetta dell'estate

3256 ricetta dietetica

2780 ricetta veloci

2617 ricetta insalata

2446 ricetta microonde

Penso che questi siano dati interessanti se vuoi vendere una guida alle ricette. È molto interessante sapere che quasi 450.000 persone in un mese hanno cercato delle ricette, giusto? Se ad ognuno riuscissi a vendere la tua guida da 20 euro, sarebbero 9 milioni di euro.

IL PRODOTTO

Bene, mentre stai pensando in quale settore vuoi cominciare a fare affari, devi chiarirti che tipo di prodotto hai in mente. Probabilmente ancora non ne hai la più pallida idea, ma in realtà la scelta è molto semplice. Hai due alternative:

1.   Il tuo prodotto.

2.   Il prodotto di altri.

Non hai molte altre scelte. O ti inventi qualcosa di innovativo che possa funzionare bene, in un settore dove la gente è disposta a pagare bene il tuo prodotto o servizio; oppure ti affidi a qualcun altro. Cosa intendo? Intendo che esistono decine di programmi di affiliazione che ti consentono di vendere prodotti già esistenti in cambio di una percentuale sulle vendite.

Sono entrambe soluzioni molto valide, con vantaggi e svantaggi, che vanno approfonditi meglio uno a uno. Ovviamente bisogna essere molto esigenti su questo. Non devi mai accettare di vendere prodotti che non rispettano la tua etica o che ti sembrano di poco valore. Ricorda il discorso del passaparola. E non devi mai accettare programmi di affiliazione poco chiari e poco trasparenti, come ti spiegherò meglio nelle prossime pagine.

Il tuo prodotto

Se hai qualcosa in mente, non esitare a scriverla subito. Non sottovalutare il potere di scrivere. In America hanno fatto una statistica e risulta che solo il 3% delle persone scrive i propri obiettivi; lo stesso 3% che raggiunge poi il 97% dei risultati personali, professionali e finanziari.

Scrivere focalizza il cervello in una certa direzione: ne parlo approfonditamente nel corso *Obiettivi*. Come quando hai deciso di cambiare automobile e improvvisamente vedi quell'auto dappertutto: perché il tuo cervello è focalizzato su ciò che gli interessa e quindi nota tutto ciò che concerne quella cosa. Ecco perché quando siamo interessati a qualcosa ci capitano un sacco di strane coincidenze. Non è tanto il destino che ci aiuta e ci vuole bene, anche se apprezza che noi gli diamo una mano, quanto questo particolare meccanismo del cervello che crea questo focus mentale.

Ricordo tanti anni fa un episodio molto simpatico: ero in Francia a un corso di specializzazione in Programmazione Neuro-Linguistica e un ragazzo che avevo già conosciuto ad un corso mi disse "Allora Giacomo, hai cambiato casa?". E io che avevo cambiato casa da neanche un mese, e sapevo che quel mio amico non poteva saperlo in alcun modo, dissi "Come fai a saperlo??" E lui "Ma sì, sei mesi fa al corso di base di PNL ti avevo aiutato a fissare questo obiettivo, me lo ricordo."

Incredibile, io lo avevo dimenticato, ma il mio cervello inconscio assolutamente no: infatti mi aveva guidato a raggiungere il mio obiettivo senza neanche accorgermene, solo perché lo avevo scritto una volta diversi mesi prima. Quindi meglio scriverlo, perché aumentano le probabilità di raggiungerlo.

Vale anche per i tuoi obiettivi finanziari: scrivi l'esatto importo che vuoi guadagnare in un mese e vedrai che la tua mente farà di tutto per farti raggiungere quel traguardo. Il consiglio è di tenerti alto, perché quando lo raggiungi ti rendi conto che avresti potuto comunque fare di meglio.

Scrivere la tua idea ti aiuta anche a svilupparla meglio. Personalmente sviluppo le mie idee utilizzando le Mappe Mentali, un'innovativa tecnica americana che ho spiegato nel corso di *Lettura Veloce*, molto utile per sviluppare l'apprendimento rapido e triplicare le tue facoltà mentali.

Metti il nome dell'idea, del prodotto o del servizio al centro di un foglio bianco. Poi tutto intorno disegna una serie di rami che sviluppano le varie parti dell'idea. E così via, ciascun ramo avrà dei sottorami che approfondiscono quella parte. Alla fine avrai un foglio pieno di idee ben approfondite.

Che tipo di prodotto puoi sviluppare? Dipende dalle tue conoscenze e dalle tue abilità. Potresti ad esempio creare una guida come questa che stai leggendo ora, su un argomento su cui sei molto ferrato.

Internet viaggia velocemente e non si può perdere tempo. Ecco perché ti prometto che se ti dai da fare raggiungerai il tuo obiettivo in 7 giorni: perché so che se non lo raggiungi in 7 giorni, allora non lo raggiungi più, perché significa che hai perso tempo e non sei così motivato.

Io, nella mia professione di Coach, lavoro solo con gente motivata. Non mi piace perdere tempo, anche se comunque quel cliente mi avrebbe dato dei soldi. Il mio lavoro è una scelta, non un bisogno, quindi lavoro con chi mi pare. Ne ho diritto, non credi? E questo è l'atteggiamento che voglio da te, perché anche tu ne hai diritto. E sono sicuro che se hai acquistato questa guida è perché sei fortemente motivato.

Altre idee? Le trovi su internet. Naviga, naviga e naviga alla ricerca di idee.

Una volta avevo notato un sito americano che aveva lanciato il noleggio a distanza di film in dvd. Pagavi una quota fissa e loro ti spedivano ogni mese tutti i film che volevi. Poi li restituivi, con spese di spedizione a loro carico. Dal mio punto di vista di cliente era un affarone. Dal loro punto di vista di azienda era anche un affarone: una rendita di 20/30 dollari al mese moltiplicata per migliaia di clienti voleva dire fare affari d'oro.

Ho parlato di questo affare ad un mio amico proprietario di una videoteca: secondo te ha colto l'occasione d'oro? No. Perché la paura di uscire dalla propria zona di confort lo ha bloccato, ed è rimasto con il suo lavoro. Ne parlo anche nel mio corso *Ricchezza* e da allora sono improvvisamente fioriti anche in Italia decine di siti web dediti a questa lucrosa attività. Bastava ascoltarmi con attenzione e agire…

Il consiglio che ti do è di navigare, cercare e trovare nuove idee. Potresti essere il primo a portarle in Italia. Ad esempio nessuno ti vieta di imitare il ragazzo della home page da un milione di dollari. O di avere qualche idea altrettanto brillante. Datti da fare.

Unico svantaggio di dedicarti a un prodotto tuo, specie all'inizio, è quello che di fatto devi aprire un'attività e-commerce, il che significa aprire una partita iva e fare la comunicazione di inizio attività al tuo comune. In tal caso ti consiglio di consultare un commercialista per farti spiegare nei dettagli l'attuale normativa vigente, in modo da essere in regola al 100%.

Ovviamente aprire una partita iva o anche costituire una società ha dei costi, ma per tua fortuna ho la soluzione anche per questo.

Il segreto, di cui ti parlerò approfonditamente tra poco, è in realtà quello di vendere il prodotto degli altri attraverso i programmi di affiliazione. In tal caso infatti non sarai tu a dover gestire il rapporto con i clienti e quindi non dovrai occuparti tu né degli incassi né della relativa fatturazione.

Semplicemente il tuo unico lavoro sarà quello di incassare le commissioni sulle vendite che tu genererai sul sito che ti ha affiliato. E per incassare questi soldi basterà una semplice ricevuta fatta con il tuo codice fiscale, almeno finché i tuoi guadagni non superano una certa cifra annua.

D'altra parte, se poi i tuoi guadagni salgono molto perché hai capito bene il metodo e sei diventato parecchio esperto, allora ti consiglio di investire i tuoi primi guadagni proprio nell'apertura di una partita iva o di una società.

In entrambi i casi senti un commercialista per farti consigliare sulla scelta, sui costi e sulla normativa vigente. Infatti queste regole generali che ti ho dato possono variare con nuove leggi e la normativa sull'e-commerce può cambiare con ogni finanziaria.

Come vedi, la tua strada per diventare un imprenditore

professionista del web si sta spianando.

Il prodotto di altri

Su internet esiste ogni tipo di prodotto. Devi solo navigare, sceglierne uno che ti piace e chiedere al venditore di poter rivenderlo in cambio di una commissione.

Oppure partecipa direttamente a un programma di affiliazione: sono appunto quei programmi per cui il venditore è già d'accordo nel darti una percentuale sulle tue vendite.

In genere in Italia la percentuale che ti viene riconosciuta va dal 6% al 20% a seconda del tipo di prodotto. Il 6% è la commissione che trovi spesso sui libri, sia perché sono prodotti che si vendono da soli e quindi punti sulla quantità, sia perché c'è un basso margine anche per le librerie. Più passaggi ci sono tra il produttore e il venditore, più ognuno si prende una quota del guadagno. Per un libro i passaggi sono parecchi: dall'autore all'editore, dall'editore al distributore, dal distributore alla libreria. E dalla libreria a te. È normale che rimangano solo le briciole.

Per il resto, se vuoi rivendere altri prodotti su internet ne trovi davvero tanti. Basta digitare "programmi di affiliazione" su Google e ne troverai decine pronti per te.

L'unica cosa importante su cui devi stare attento è la serietà dell'azienda. Chi sono? Sono puntuali nei pagamenti? Cerca testimonianze di altri affiliati sui forum o nei newsgroup, per sapere se si comportano in maniera seria oppure no.

Se hai dei dubbi lascia perdere. Se ti riconoscono delle percentuali eccessivamente alte, ad esempio tra il 50% e il 75%, diffida. Verifica che il sistema delle statistiche funzioni bene e che tu abbia un pannello di controllo che si aggiorna in tempo reale. In questo caso puoi fare tu stesso un ordine fittizio e vedere se ti viene accreditato. Fatti furbo.

Diffida di società che hanno sede all'estero perché se non ti pagano, sarà molto difficile portarli in tribunale. Diffida di chi ti propone dialer con prezzi esagerati o che creano connessioni a pagamento all'insaputa dell'utente. Altrimenti in tribunale ci finisci tu. Prediligi aziende che lavorano nella massima trasparenza dei costi: se hanno rispetto per i loro utenti, allora avranno rispetto anche per te che sei loro partner e che rivendi i loro servizi.

In generale controlla anche per quanto tempo il cliente viene riconosciuto come tuo. Cioè se la percentuale ti viene data solo sul primo acquisto o anche su tutti quelli successivi. È importante saperlo perché se la commissione vale solo sul primo acquisto devi pretenderne una molto alta. La maggior parte delle aziende infatti vive delle vendite effettuate a clienti già esistenti nel proprio database.

Anche la Bruno Editore ha un suo programma di affiliazione. Solo che noi riconosciamo ai nostri rivenditori una percentuale altissima: puoi guadagnare fino a 500 euro con una sola vendita!

Questo lo facciamo per due motivi: primo perché abbiamo dei margini più alti. Secondo perché riteniamo che più il nostro partner sarà soddisfatto dei suoi guadagni, più si darà da fare per rivendere i nostri prodotti. È uno di quei rapporti win/win, vincere/vincere, dove vincono tutti: noi che vendiamo i nostri prodotti, tu perché fai un sacco di soldi in commissioni, il cliente perché acquista un prodotto davvero valido per la sua crescita personale, professionale e finanziaria.

Se sei interessato a fare soldi rivendendo i nostri prodotti, vai sul programma di affiliazione della Bruno Editore. Se vuoi darti da fare in maniera seria e professionale, allora sei il benvenuto.

RIEPILOGO DEL GIORNO 2:

* Su internet puoi scegliere qualsiasi settore.

* Quelli più in voga sono pochi e sempre gli stessi ormai da anni.

* Non per tutti la gente è disposta a pagare.

* Puoi creare un tuo prodotto: scrivi tutto quello che ti viene in mente.

* Puoi rivendere il prodotto di altri: verifica la serietà e la trasparenza dei programmi di affiliazione.

ESERCIZIO DEL GIORNO 2:

* Stabilisci il settore in cui vuoi lavorare, aiutandoti con il selettore di parole chiave.

* Stabilisci il prodotto da vendere.

* Naviga su internet e trova dei programmi di affiliazione seri.

* Inizia a scrivere di qualcosa che conosci molto bene e che ti appassiona

GIORNO 3:

Il minisito

La prima cosa da fare è registrare il nome del tuo sito web. Puoi farlo in due modi: pagando pochi soldi per registrare un dominio di "primo livello" tipo www.ilmioprodotto.com, oppure gratis su uno dei tanti siti che offrono spazio gratuito e domini di secondo livello tipo www.tiscali.it/ilmioprodotto.

Domanda: perché pagare per registrare un dominio di primo livello tipo www.ilmioprodotto.com quando tanti siti offrono spazio gratuito e domini di secondo livello? La risposta è molto semplice. Perché se ti accontenti del gratis, trasmetti ai tuoi clienti che non hai un'attività né seria né professionale.

Invece un dominio web, al costo di poche decine di euro, ti offre:

- Professionalità
- Maggiore importanza sui motori di ricerca
- Sito web facile da ricordare

Inoltre il nome di un sito è di fondamentale importanza per creare un'identità forte e credibile. Io voglio che il tuo prodotto, qualsiasi esso sia, venga ricordato da tutti i tuoi visitatori. Voglio che se ne parli in giro. Voglio che ci sia passaparola. Proprio per questo devi trovare un nome vincente.

Il "naming" è l'arte di creare nomi che funzionano. È una professione difficile e molto ambita, e i professionisti del settore vengono pagati centinaia di migliaia di euro. Pensa a nomi come "Forza Italia": indipendentemente dalla fede politica bisogna riconoscere che è un nome facilmente riconoscibile e memorizzabile. Anzi così ben fatto, che abbiamo dovuto cambiare l'incitazione alla nostra nazionale di calcio.

Altri nomi molto azzeccati? Che ne pensi di Rete 4 e Canale 5? Scommetterei che nella tua televisione sono memorizzati esattamente al quarto e quinto posto. Lo hai deciso tu o lo ha deciso Mediaset dandogli questi nomi? Probabilmente visto il successo hanno pensato di provarci con Italia1, sperando di scalzare Rai1 dal primo posto. Ma non ci sono riusciti.

Tu invece devi riuscirci, devi trovare un nome intelligente, facile da ricordare, rappresentativo di quello che stai vendendo. Se ad esempio stai vendendo una guida sui cellulari, ti consiglio di registrare un dominio tipo "Guida-Cellulari.com" se è disponibile, o qualcosa del genere.

In questo modo i motori di ricerca ti porteranno nuovi visitatori ogni volta che cercheranno "guida cellulari" e parole simili. Meglio utilizzare sempre il carattere 'meno' tra le parole, piuttosto che "guidacellulari" perché i motori di ricerca ti trovano più facilmente se separi le parole chiave. Queste sono dritte importanti e di grande valore, possono fare veramente la differenza tra un sito qualsiasi e il tuo sito di successo. E non le trovi sui libri.

Un buon sito da cui registrare il tuo dominio in Italia con la massima sicurezza e garanzia di qualità e affidabilità è Register.it. La procedura è semplice e veloce, hai già dello spazio web incluso nella quota e anche gli indirizzi email associati a quel dominio.

Ecco la procedura per registrare il nome del tuo sito:

1) Inserisci il nome di dominio che stai cercando e verifica se è libero e con quale estensione è disponibile. Io ti consiglio di rimanere nelle più conosciute .it .com .net senza andare troppo fuori dagli standard con estensioni di chissà quale paese straniero.

2) Se il dominio è libero allora clicca su "Procedi" e vai avanti.

3) Segui la procedura guidata: ti verranno chiesti i tuoi dati personali e i dati della carta di credito per il pagamento. Il costo totale è di euro 35+iva per un intero anno di registrazione, che include anche lo spazio web dove mettere la tua pagina e diversi altri benefici.

4) Nel giro di 24 ore circa il tuo dominio viene registrato a tuo nome ed è disponibile su tutto il web, a disposizione delle milioni di persone che navigano ogni giorno su internet.

Mentre pensi al nome vincente per il tuo business, non ti rimane altro che mettere in piedi il tuo primo sito web, cioè la pagina specifica dove gli utenti potranno acquistare il tuo prodotto.

Come ti ho detto all'inizio, non entrerò nel merito di come si costruisce tecnicamente una pagina web. Quelle cose le puoi imparare da una delle tante guide gratuite che ci sono sul web. Oppure puoi sempre fartelo fare da qualcuno più esperto.

Una valida alternativa sono i Blog: sono dei siti web che puoi creare anche senza conoscere nulla di programmazione e Html. Infatti ti mettono a disposizione una piattaforma da cui puoi controllare la grafica, le impostazione e anche i contenuti. Se vuoi approfondire l'argomento ti consiglio il mio libro "Fare Soldi Online con Blog e MiniSiti". In ogni caso i blog sono facili da aprire e completamente gratuiti, quindi ti consiglio caldamente di provarne uno perché potrebbe essere la soluzione migliore per avere un sito già pronto in pochi minuti. Per aprirne uno vai su www.blogger.com e segui la facile procedura.

Il segreto è proprio in quella unica pagina. Siti composti da una sola pagina vengono definiti minisiti. Non se ne trovano tanti in Italia perché è una strategia poco conosciuta; ne è invece piena l'America con migliaia di minisiti che hanno un successo strepitoso e creano rendite di denaro costanti.

Il minisito ha diversi vantaggi:

- Facile da costruire per te
- Facile da navigare per i tuoi utenti
- Massima cura nei dettagli
- Finalizzato ad una sola azione: l'acquisto

In particolare, oltre ai primi evidenti vantaggi, voglio soffermarmi sull'ultimo, cioè che il minisito è finalizzato ad una sola azione.

Hai presente quando arrivi su un sito web di commercio elettronico e non sai da che parte cominciare perché ci sono mille prodotti in vetrina, decine di offerte, decine di banner che lampeggiano? Beh, queste sono tutte cose che ti distraggono.

Al contrario il minisito focalizza la tua attenzione su un unico prodotto e su un'unica azione: quella di comprare il prodotto. Ti motiva, ti informa, risponde a tutte le tue domande in merito a quel prodotto. E poi te lo vende.

Come costruire il minisito affinché sia così efficace nella vendita? Semplicemente utilizzando le più avanzate strategie di web marketing, importate direttamente dagli Stati Uniti, così come le ho spiegate nel corso *Web Marketing*. I passi principali sono 3:

1. Motivare
2. Informare
3. Rassicurare

La questione fondamentale è una e semplice: se hai la fortuna di avere un utente sul tuo sito non lo devi perdere.

Jakob Nielsen, grande guru dell'usabilità, dice che gli altri siti concorrenti sono sempre a un solo click di distanza, quindi è necessario catturare l'attenzione dei tuoi clienti da subito. Perché le alternative sono due: o catturi la sua attenzione promettendo grandi benefici e motivandolo a rimanere per approfondire, oppure lui se ne andrà. E non tornerà mai più.

Quindi è di fondamentale importanza concentrare tutti gli sforzi sull'attirare l'attenzione dell'utente, motivandolo a rimanere sulla tua pagina con promesse e benefici, che poi devono essere rigorosamente mantenuti. Vediamo subito come.

Minisiti: Motivare

Un principio base della vendita è che le persone comprano con le emozioni. Te lo ripeto perché è un messaggio importantissimo. Le persone comprano con le emozioni. Pensa a quando hai comprato la tua ultima automobile: hai comprato una serie di lamiere e gomme per muoverti in città o hai comprato la sensazione di confort dei sedili, il rombo del motore, la sensazione di velocità di una sportiva? Te lo dico io, ha deciso il tuo cuore non il tuo cervello. Le tue emozioni, non la tua ragione.

Quindi la prima cosa da fare è far sognare i tuoi utenti, attirare la loro attenzione mostrando i benefici del tuo prodotto. E per benefici intendo non le caratteristiche del tuo prodotto, come ad esempio "Guida in 30 pagine sulle rendite e i siti web"; ma intendo come questa caratteristica possa cambiare la tua vita, quindi "Guida su come diventare ricco e libero". Questa è un beneficio che colpisce il cuore dei tuoi clienti. Le persone non comprano una casa con quattro mura e del prato verde. Le persone comprano il benessere che proveranno vivendo in quella casa; comprano le serate con gli amici in quel salotto così grande; comprano la cena a base di carne alla brace che si faranno in quel bel giardino.

È importantissimo distinguere tra caratteristiche e benefici. La maggior parte dei siti di e-commerce, compresi quelli più importanti e famosi del mondo, non sfruttano questa verità fondamentale.

Ora dai un'occhiata al mio corso *Ricchezza* e dimmi se ti motivo all'acquisto e catturo la tua attenzione. I benefici sono di triplicare le tue entrate, di creare rendite di denaro che ti permettono di lasciare il tuo lavoro, di avere più tempo libero. Tutti rigorosamente mantenuti.

Guarda questo esempio di benefici tratti dal videocorso *Obiettivi*:

- Primo obiettivo è chiarirsi gli obiettivi: se non si sa dove si sta andando, si farà poca strada.

- Come raggiungere i tuoi obiettivi in maniera facile, veloce e divertente.

- Errori da evitare: un obiettivo formulato male può comprometterne la realizzazione.

- Motivarsi e motivare gli altri con le tecniche di programmazione neuro-linguistica.

- Il segreto di Anthony Robbins per condizionarsi e programmarsi al successo.

- Perché mettersi a dieta è impossibile senza un'accurata analisi dell'obiettivo.

- Piacere/Dolore: gli strumenti più potenti per auto-motivarsi in ogni circostanza.

- Perché solo il 3% delle persone ha successo: il più grande e banale segreto di tutti i tempi.

- Come realizzare tutti i tuoi sogni con le strategie dei più grandi leader mondiali.

- Gestire al meglio il tuo tempo con i quadranti di Stephen Covey sull'importanza e l'urgenza.

- Perché 'cambiare lavoro' è un pessimo obiettivo: non basta sapere cosa NON vuoi più fare, ma cosa vuoi davvero fare.

- Stato attuale e Stato desiderato: capire dove sei oggi per capire come arrivare al domani.

E il bello è che è tutto vero e raggiungibile. Non sono benefici finti e non raggiungibili. Basta avere le giuste strategie, esattamente come in questa guida.

L'importante è tenere sempre in alta considerazione i tuoi clienti. Non sono stupidi e se tu prometti grandi benefici e grandi risultati e poi il tuo prodotto non li mantiene, allora lo stupido sei tu.

Io credo nella vendita win/win, dove entrambi vinciamo. I miei clienti devono essere sempre soddisfatti, devono sentire che il prodotto che hanno acquistato vale molto di più di quanto lo hanno pagato.

Sono il primo a pensarlo. Sono il primo a essere soddisfatto dei miei prodotti. Sono il primo che li comprerebbe e infatti continuo ogni giorno a comprare prodotti internazionali simili ai miei, che possano darmi nuovi spunti e nuove idee sulla mia crescita personale, professionale e finanziaria.

Quindi poniti sempre queste domande:

- Tu compreresti il tuo prodotto?
- Tu saresti soddisfatto del tuo prodotto?
- Tu crederesti ai benefici che stai proponendo ai tuoi clienti?

Certe volte in effetti è meglio non esagerare con benefici eccessivamente grandi, sennò c'è il rischio che i tuoi clienti alzino delle difese.

Ad esempio nel marketing del corso di Lettura Veloce succede una cosa molto buffa. La mia promessa è di far triplicare la tua velocità di lettura.

In realtà quello che succede a chi segue il corso è di aumentare la velocità di lettura di circa 10 volte. Però quando all'inizio promettevo di aumentare la velocità di 10 volte, le persone avevano seri dubbi sulla mia credibilità e quindi non lo acquistavano.

Ora prometto di triplicare la velocità. Le persone giudicano credibile questa promessa e acquistano il video. Poi si ritrovano ad andare a 10 volte tanto e sono doppiamente soddisfatte, perché si rendono conto dell'alto valore del prodotto.

Quindi valuta bene le tue promesse, rendile credibili e soprattutto… Mantienile.

Minisiti: Informare

Bene, se sei riuscito a catturare l'attenzione degli utenti del tuo sito, hai fatto breccia nel loro cuore e li hai motivati a saperne di più. Le promesse sono straordinarie, ma la fiducia ancora non te la sei guadagnata, quindi la vendita è ancora a rischio.

Troppa gente promette il mondo e ti dà solo fregature. Quindi dobbiamo informare le persone di tutte le caratteristiche del nostro prodotto. Perché se è vero che l'acquisto è fatto con le emozioni, è anche vero che subito dopo le persone devono giustificare con la ragione la loro scelta. Te lo ripeto: si decide con le emozioni e poi si giustifica la decisione con la ragione.

Questo è ovvio, perché tutti noi abbiamo paura di prendere un prodotto non valido, di pentirci o di farci deridere dai nostri amici o dalla nostra famiglia per l'acquisto fatto. Quindi devi dare delle ragioni oggettive per fare l'acquisto.

La tua pagina deve essere esauriente e completa: più informazioni correlate al prodotto tu fornisci, più è alta la probabilità di vendere. Se sono troppe non fanno male, se sono poche perdi la vendita.

Quindi meglio abbondare. Alla faccia di quegli "esperti" di usabilità che dicono che le informazioni vanno divise su più pagine per semplificare la navigazione. Io non sono per niente d'accordo e l'esperienza mi dà ragione. Meglio tutte le informazioni in una sola pagina, così l'utente si sente rassicurato di non perdersi nulla e può anche stamparsi la pagina in modo da avere tutte le informazioni raccolte insieme.

Io non mi fido di quei siti che mettono le informazioni in varie pagine, perché temo di perdermi qualcosa di importante sul mio acquisto.

Quindi dai ai tuoi utenti tutte le informazioni possibili, le caratteristiche tecniche del tuo prodotto, le funzionalità, la durata, come si usa e così via. Probabilmente all'inizio riceverai delle email di richiesta di informazioni sul tuo prodotto.

Utilizza queste domande e le tue risposte per aggiungere preziose informazioni sul tuo minisito. Se le persone ti fanno sempre le stesse domande, ti accorgi subito se hai tralasciato cose importanti. Il segreto è aggiornare il tuo sito con tutte le cose più importanti di cui ti rendi conto mano a mano che vai avanti.

Questa è una fase importante, perché le informazioni sono la base razionale per fare un acquisto. In generale i siti di e-commerce si concentrano solo su questa, promuovendo prodotti freddi e privi di ogni emozione.

Il tuo compito è quindi quello di trovare il giusto equilibrio tra motivazione e informazione.

Compreresti un prodotto che ti promette chissà quali benefici, ma di cui non sai nulla? Probabilmente no. O forse sì, se le promesse sono davvero alte e il costo è basso.

E compreresti un prodotto di cui sai tutto, ma che non ti emoziona? Sicuramente no.

Quindi nel tuo minisito tu sarai completo ed esauriente,

motivando e al tempo stesso informando su tutte le caratteristiche del tuo prodotto. Più informazioni, più vendite per te.

Minisiti: Rassicurare

Ad un certo punto ti troverai con il cliente abbastanza sicuro dell'acquisto. Lo hai motivato per bene, facendogli provare determinate sensazioni e stati emotivi con i tuoi benefici; lo hai informato di tutte le caratteristiche del tuo prodotto ed è un bel prodotto quindi lo vuole davvero acquistare. Ma c'è ancora un po' di diffidenza e qualche dubbio. E allora quello che puoi fare è semplice, lo devi rassicurare.

Devi creare in lui la fiducia più totale e lo puoi fare in tanti modi, come mettere a disposizione:

- Email per consulenza ai clienti
- Numero verde per assistenza clienti
- Testimonianze di altri clienti
- Dati della tua azienda facilmente accessibili

E così via. I modi sono tanti e la trasparenza di tutti i servizi e dei relativi costi è molto importante per creare questa fiducia. Puoi ad esempio inserire delle note su di te, su chi sei, su perché lo fai. Cosa ti appassiona in quello che fai.

La gente vuole conoscere la tua storia. Il ragazzo di milliondollarhomepage.com ha scritto chiaramente che aveva bisogno di soldi per pagare la costosa retta universitaria. E le persone lo hanno premiato. Specifica anche quali competenze hai e quale diritto hai di scrivere quello che hai scritto o di vendere il prodotto che vendi.

Sono importantissime anche le testimonianze di clienti soddisfatti. Se conosci eBay, il celebre sito di aste online, sicuramente sai di cosa parlo: eBay funziona perché ogni volta che tu compri qualcosa da qualcuno, poi devi lasciare un commento su di lui. Più commenti positivi ci sono su una persona, più quella persona viene ritenuta affidabile. Allo stesso modo se il tuo prodotto è buono e funziona, e la gente è soddisfatta, saranno loro stessi a inviarti email di ringraziamento e soddisfazione. Se così non fosse, puoi provare tu a chiedergli dei commenti.

Io ho fatto così: dopo aver chiesto l'autorizzazione, ho pubblicato tutte le email di ringraziamento che mi arrivavano, ed erano tante. Poi un giorno ho chiesto esplicitamente a tutti i clienti di inviarmi un loro commento per pubblicarlo online. Ho ricevuto moltissime testimonianze firmate, molte delle quali le ho pubblicate sulle pagine dei prodotti.

Quindi fallo anche tu perché sono importantissime per far capire agli altri utenti che il tuo è un prodotto valido, già sperimentato da tante altre persone. Quando ci sentiamo parte di un gruppo, abbiamo meno timori e ci sentiamo rassicurati.

Le testimonianze funzionano anche perché utilizzano uno dei principi di persuasione esposti dal dottor Robert Cialdini: il principio di riprova sociale, secondo il quale se tutti fanno quella cosa vuol dire che anche noi dobbiamo o possiamo farla tranquillamente. È come quando sei fermo ad un semaforo rosso, magari di notte quando non c'è nessuno: tu stai fermo e rispetti il semaforo, ma quando prima uno, poi un altro automobilista passano con il rosso, allora passi anche tu. È sbagliato, ma ammettilo, ti è mai capitato?

Oppure quei corsi di motivazione dove si cammina sui carboni ardenti, come metafora per superare le tue paure. Forse non sei così motivato a farlo, ma quando sei in un gruppo di persone che si incitano a vicenda, allora lo fai con grande piacere e passione.

Quindi se il tuo cliente pensa che nessuno abbia mai comprato il tuo prodotto, certamente non vuole essere l'unico "fesso" a prendere la fregatura. Ecco allora che dargli la riprova sociale attraverso le testimonianze è una cosa molto positiva.

Allo stesso modo un servizio di assistenza o un numero verde possono fare davvero la differenza, per far capire ai tuoi clienti che dietro c'è un'azienda seria e professionale.

Se non vuoi spendere soldi, comunque, l'indirizzo email è più che sufficiente ed è assolutamente gratuito, in quanto la mail è compresa quando acquisti il dominio del tuo sito.

Quindi puoi continuare ad andare avanti senza spese e creare il tuo minisito veramente con poco sforzo. Se vuoi vedere nella pratica un esempio di minisito finalizzato alla vendita di un singolo prodotto basta guardare una qualsiasi scheda dei miei prodotti: <u>esempio di pagina/minisito</u>.

A questo punto manca solo il pulsante per fare l'ordine e pagare, ma ne parliamo nel capitolo successivo. Aiuta i tuoi clienti, motivali, informali e rassicurali; e vedrai che acquisteranno il tuo prodotto ad occhi chiusi, 7 giorni su 7, 24 ore su 24, anche mentre dormi.

RIEPILOGO DEL GIORNO 3:

- Registra un dominio con un nome intelligente.

- I mini-siti sono la strategie più efficace.

- Motiva gli utenti.

- Informa gli utenti.

- Rassicura gli utenti.

ESERCIZIO DEL GIORNO 3:

- Registra il tuo dominio.

- Trova almeno dieci benefici del tuo prodotto.

- Elenca e spiega nei dettagli tutte le caratteristiche del tuo prodotto.

- Trova almeno tre modi per rassicurare e garantire i tuoi clienti.

- Raccogli tutte queste informazioni in un mini-sito di una pagina.

GIORNO 4:

I blog

Una forma particolare di minisito è il **blog**. Apri un qualsiasi blog italiano o americano e troverai un punto in comune ben preciso: pagine lunghissime e decine di articoli su una singola pagina. Alla faccia delle regole di usabilità!

In realtà non ho mai sentito nessuno lamentarsi di questa ormai diffusa consuetudine. Ad oggi sono oltre 100 milioni i blog nel mondo e la web usability non deve far altro che prenderne atto, infatti essa nasce con l'intento di aggregare degli standard e invitare ad utilizzarli il più possibile. Se lo standard diffuso è quello di creare pagine lunghe, allora le pagine lunghe diventano la nuova regola. Questa è la mia idea.

Mi sembra che sia anche l'idea generale del Web 2.0 dove il contenuto non è più creato dalle aziende ma dagli utenti stessi secondo le proprie esigenze. E se queste sono le esigenze, allora non rimane altro che accettarle e adattarsi di conseguenza.

I blog funzionano, sono uno spazio aperto dove esprimere liberamente le proprie idee e le proprie convinzioni. Molto famoso in Italia, con l'incredibile cifra di 200.000 visitatori al giorno è il blog di Beppe Grillo:

Beppe Grillo, celebre per la sua accanita difesa dei consumatori e i suoi attacchi a politica e aziende famose, ha trasformato una semplice pagina web in un qualcosa nel quale milioni di persone al mese si uniscono e si scambiano idee, semplicemente attraverso i suoi commenti e i suoi agli articoli.

Il blog può essere anche un diario personale, un modo per tenere traccia dei propri pensieri, un modo per condividere idee.

Persino molte aziende hanno aperto un blog per comunicare meglio con i propri clienti, per rispondere alle domande più frequenti, nonché per condurre ricerche di marketing a costi bassissimi. In fondo avere la possibilità di parlare direttamente con i consumatori significa sapere esattamente cosa vogliono, cosa non va bene e cosa può essere migliorato. E si instaura un clima di maggiore fiducia.

Per quanto mi riguarda ho creato il mio blog www.giacomobruno.it semplicemente per condividere le mie idee con le 200.000 persone che mi seguono ogni giorno. Seppur comunico con loro attraverso la newsletter, questo strumento rischia di essere troppo freddo e certe volte troppo commerciale. Al contrario il blog mi permette un **rapporto diretto**, intenso, di reciproco scambio.

Naturalmente il blog può essere anche uno strumento commerciale. Molti giovani milionari americani hanno creato blog di successo nei quali semplicemente parlano dei migliori prodotti che gli sono capitati per le mani.

Puoi fare soldi con i blog utilizzandoli come minisiti finalizzati alla vendita di prodotti.

Io ti garantisco che quando leggi una recensione che ti parla bene di un prodotto sei portato a comprarlo molto più facilmente. Tanto più se ti fidi della persona che scrive la recensione. Ad esempio io sono uno che continua a formarsi ogni giorno. Coerentemente al mio lavoro, credo molto nella formazione e seguo decine di corsi e master ogni anno, e leggo almeno 20 libri nuovi al mese. E mi capita di citarli nel mio blog. Se trovo un libro o un corso che mi ha colpito veramente non esito a parlarne e fargli buona pubblicità. In genere questo si traduce in centinaia di vendite per il sito pubblicizzato.

Ebbene gli americani ne hanno fatto un business. Ci sono aziende che ti inviano gratis i loro prodotti o che addirittura ti pagano per scrivere una recensione dei loro prodotti sul tuo blog. E parlo di cifre considerevoli.

Puoi fare soldi con i blog scrivendo recensioni per conto di aziende che ti pagano per farlo.

Dall'altro lato sei tu che semplicemente puoi scrivere delle recensioni e guadagnare sulle vendite dei prodotti altrui. Infatti basta che partecipi ad un qualsiasi programma di affiliazione e puoi guadagnare consistenti commissioni di vendita. Ho già sperimentato personalmente questa strategia e funziona molto bene, al punto che l'ho consigliata anche ai miei affiliati.

Tutto è iniziato dopo un corso di un americano che mi ha insegnato la tecnica delle recensioni. Mi disse: prima della vendita ci deve essere un passo che si chiama "pre-vendita", nella quale devi mettere l'utente in uno stato di apertura mentale. La recensione crea la pre-vendita e per questo funziona molto bene.

Forse hai già visto alcuni dei nostri minisiti dedicati alle recensioni, dove vengono messi a paragone le migliori guide al fare soldi online e alla seduzione e così via.

Sono molti gli affiliati che hanno promosso queste pagine e hanno ottenuto migliaia di euro in commissioni. In questo caso senza doversi neanche affaticare a scrivere delle recensioni originali, ma semplicemente pubblicizzando recensioni già pronte.

Puoi fare soldi con i blog scrivendo recensioni su prodotti che rivendi tramite programma di affiliazione.

Quello che però rappresenta il presente e il futuro del fare soldi online con i blog è senza dubbio scrivere delle recensioni originali, veritiere e frutto delle tue idee. Ti sottolineo l'ultimo concetto: le recensioni devono essere veritiere, quindi non necessariamente positive al 100%, specie se sono tutte così. Altrimenti perdi credibilità e chiunque capirebbe che stai solo pubblicizzando un prodotto. Invece il bravo "blogger" è colui che scrive quello che pensa indipendentemente dalla casa madre a cui si è affiliato.

Sembra assurdo dirti queste cose da parte mia, potrebbe essere controproducente. Rischio che potresti parlar male dei miei prodotti se non ti sono piaciuti. Però è proprio quello che voglio: se un prodotto non ti piace è giusto che lo scrivi, con una recensione costruttiva in cui ci segnali cosa vorresti vedere migliorato. Se invece ti è piaciuto ti chiedo di fare lo stesso: scrivere una recensione positiva e indica cosa miglioreresti, perché per me è importante saperlo per adattare i miei prodotti alle esigenze delle persone.

Quindi dove sta il tuo guadagno? Semplice, all'interno della tua recensione inserirai un link personalizzato con il tuo codice di affiliato verso il prodotto che stai recensendo, in questo modo tutte le persone incuriosite vi cliccheranno sopra e potranno arrivare ad acquistarlo.

I migliori affiliati guadagnano in questo modo diverse migliaia di euro al mese. Ogni giorni scrivono una nuova recensione o parlano di singoli aspetti di un certo prodotto. In questo modo possono creare centinaia di recensioni anche sugli stessi prodotti.

Il bello del blog è che tutti gli articoli rimangono sempre disponibili in archivio per cui sono sempre accessibili sia agli utenti che ai motori di ricerca. Questo vuol dire che anche blog appena nati o con non molti contenuti hanno un afflusso costante di visitatori nuovi ogni giorno, vuoi per passaparola, vuoi perché i motori di ricerca hanno indicizzato i tuoi articoli e quindi li rendono sempre disponibili ai loro utenti. *In assoluto le affiliazioni sono il metodo migliore esistente per fare soldi con i blog.*

Altri metodi, tipo usare le pubblicità di Google Adsense, possono portarti poche decine di euro al mese e per chi non ha un blog molto visitato rischia di essere una frustrante perdita di tempo. Ne parleremo tra poche pagine. Con le recensioni invece, che rappresentano una novità assoluta in Italia, puoi guadagnare molto bene ogni mese. Una volta ho recensito un corso gratuito su Google Adwords e la mia semplice segnalazione ha portato migliaia di iscritti.

Il costo per creare una struttura del genere? **Zero.** Creare un blog è assolutamente facile, veloce e gratuito.

Aprire un blog richiede zero spese, zero esperienza, zero tempo.

I servizi più utilizzati sono Blogger e WordPress. Personalmente ti consiglio **Blogger** perché, tra i vari servizi, è quello con la maggiore usabilità del sito. Inoltre è di proprietà di Google, e non penso sia un caso che le pagine web realizzate su Blogger siano particolarmente ben indicizzate dai motori di ricerca!

Devi sapere, infatti, che ogni volta che crei un articolo (detto anche "post") su un blog, puoi scegliere le parole chiave per le quali intendi indicizzarlo sui motori di ricerca e, ovviamente, scegli anche il titolo dell'articolo. Questo titolo diviene anche l'Url dell'articolo, ovvero l'indirizzo internet sul quale il tuo articolo viene visualizzato. Se fai un articolo che si intitola "Recensione di Fare Soldi Online", allora l'Url dell'articolo diventerà in automatico:

http://NOMEBLOG.blogspot.com/articoli/recensione-di-fare-soldi-online/

Questo ne favorisce la presenza sui motori di ricerca perché l'Url già contiene le medesime parole chiave di tuo interesse e correlate all'articolo. Una funzione indubbiamente degna di attenzione che, senza alcuna conoscenza di programmazione, ti permettere di avere pagine già ottimizzate per i motori di ricerca.

I blog vengono ben indicizzati sui motori di ricerca senza alcun tuo intervento di ottimizzazione.

Questo è Blogger: per iniziare la procedura di creazione del tuo blog basta avere un account Google e accedere direttamente da lì alla piattaforma:

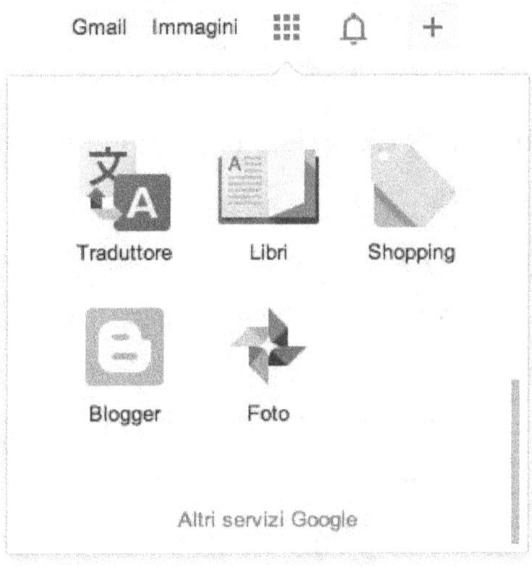

1) Una volta cliccato sull'icona di Blogger ti apparirà la schermata di inizio. Dovrai cliccare su "Nuovo Blog":

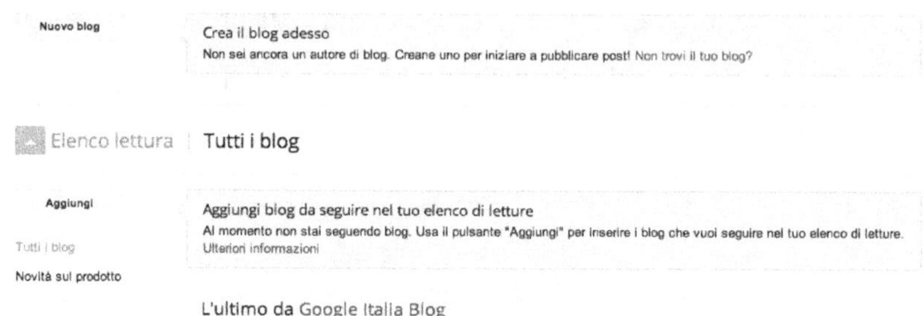

2) Scegli un nome per il tuo blog e il design grafico che ti piace:

3) Il tuo blog è pronto ed è già online!

4) Inserisci il tuo primo articolo, titolo, testo e parole chiave:

5) Ti basterà cliccare successivamente su Pubblica e tuo articolo è subito online!

Come hai visto è facile ed immediato. Questo è il motivo per cui sono stati creati milioni di blog nel giro di pochi anni. In soli 5 minuti puoi creare un blog ed essere già online, con la certezza che il tuo articolo verrà indicizzato in automatico dai maggiori motori di ricerca (Google, Yahoo) e dai motori specializzati in ricerca di blog, come Google Blog Search e Technorati. Questo succede perché tutti i servizi di blog hanno uno strumento che si chiama "ping" che avvisa automaticamente i motori ogni volta che tu aggiorni il blog con un nuovo articolo. Un sistema geniale, efficiente e veloce.

Ovviamente hai decine di opzioni per personalizzare il tuo blog, modificare il modello, i colori, le impostazioni di base, aggiungere link e così via. Puoi persino inserire dei filmati presi da YouTube semplicemente inserendo l'argomento che ti interessa. Questo non è particolarmente utile ai fini del fare soldi online, ma è un servizio che rende sicuramente più interessante il tuo blog.

In ogni caso, sappi che non devi conoscere nulla di tutto ciò e che puoi essere online veramente in cinque minuti. E, di conseguenza, iniziare a guadagnare da subito. In Italia esistono decine di programmi di affiliazione, quindi puoi rivendere qualsiasi prodotto, dai testi di librerie online celebri come Ibs o Il Giardino dei Libri ai prodotti di eBay. E naturalmente puoi partecipare al nostro programma di affiliazione che ti riconosce percentuali altissime su tutti i prodotti. Il vantaggio consiste nel fatto che lavorare con noi significa avere prodotti di altissima qualità, pagine ben ottimizzate e una percentuale di vendita molto elevata.

Un altro modo per guadagnare con i blog è mettere della pubblicità: alcuni utilizzano Google Adsense, che ti consente di guadagnare soldi semplicemente inserendo dei banner sul sito. Il problema è che le commissioni sono molto basse e se non hai migliaia di visitatori non è affatto facile guadagnare somme considerevoli. Sinceramente l'obiettivo di questa guida non è aiutarti a guadagnare 100 euro al mese, ma costruire rendite da migliaia di euro.

Se cerchi online l'argomento del fare soldi con i blog troverai che tutti ti consigliano Google AdSense. Anche il maggior blog americano sull'argomento ti consiglia la stessa cosa e ti dimostra che funziona portandoti il risultato: 10.000 dollari al mese di guadagno.

Peccato che costui non si rende conto di quanti soldi stia perdendo. Infatti è vero che lui guadagna 10.000 dollari al mese, ma se io avessi in mano il suo blog e i suoi numeri stai sicuro che guadagnerei almeno 1.000.000 di euro al mese. Non è una frase da spaccone, quello che voglio dirti è che se hai centinaia di migliaia di visitatori e sei tra i primi 60 blog del mondo (!), allora un guadagno di 10.000 dollari è assolutamente ridicolo.

Lui, comunque, ti spiega il suo "brillante" metodo all'interno di un ebook gratuito, quindi, se sai l'inglese, ti consiglio di scaricartelo per accrescere la tua cultura in materia.

Cosa significa tutto questo per te? Molto semplice. Se il numero uno al mondo del fare soldi con i blog guadagna con Google Adsense solo 10.000 dollari, allora per te non ci sono speranze di fare buoni introiti partendo da zero con un blog nuovo. Non è colpa di Google Adsense, è l'intero sistema basato su clic a non essere molto efficace.

La mia esperienza, invece, è piuttosto diversa: ho un centesimo dei visitatori di John Chow, però guadagno dieci volte tanto. E, così, anche i miei affiliati sono in grado di guadagnare belle cifre. Infatti una forma pubblicitaria che funziona molto bene e garantisce ottime commissioni anche se hai poco traffico sul blog, è proprio il programma di affiliazione di Bruno Editore.

Questo perché ho progettato personalmente una serie di banner pensati apposta per essere inseriti in un blog. Poiché non vieni pagato per click, ma in **commissioni** sulle vendite, pensato apposta per farti guadagnare centinaia di euro in una sola volta. **Puoi fare soldi con i blog inserendo i banner pubblicitari della Bruno Editore basati non sui click ma sulle commissioni.**

Questa è la procedura:

1) Vai su http://www.ilcodice.net/e registrati

2) Una volta entrato nel proprio pannello vai nella sezione affiliazione>link e banner affiliato:

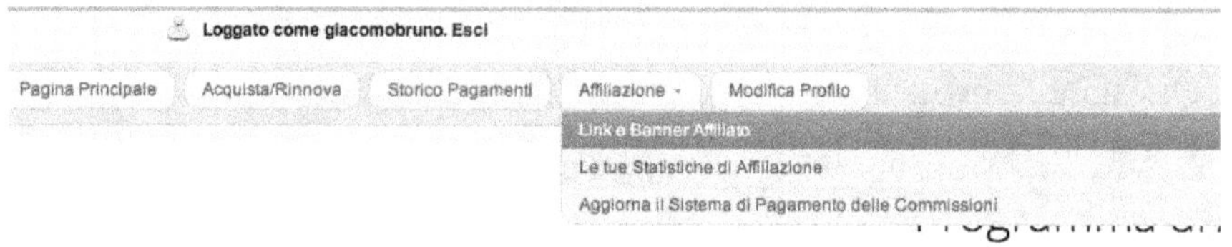

3) Copia il codice Html del banner e condividilo nei principali Social Network.

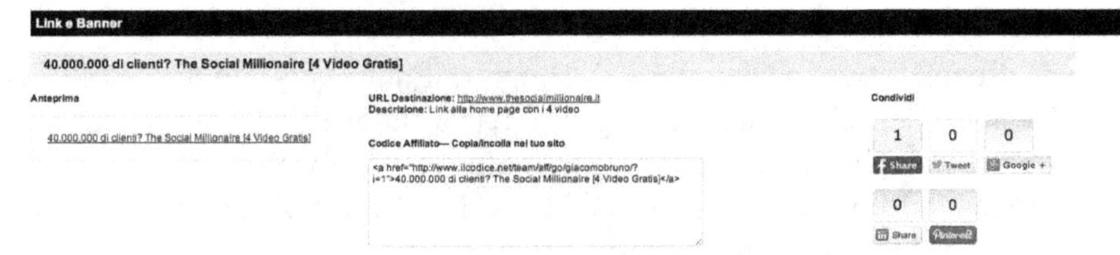

4) Accedi al pannello di amministrazione del tuo blog e scegli la voce LAYOUT dal menù alla tua sinistra:

5) Scegli dove posizionare il Banner. Puoi scegliere tra molte varianti: Testata del sito, piè di pagina, barra laterale,ecc. In ogni sezione è possibile spostare il Banner per metterlo più in evidenza, semplicemente trascinandolo. Clicca su **AGGIUNGI GADGET**, dove preferisci che il tuo banner venga posizionato.

6) Si aprirà una lista con tutti i gadget disponibili. Scorri la lista e scegli HTML/JavaScript e clicca su +. Copia il codice del Banner nella pagina di affiliazione del sito e incollalo nello spazio **SEZIONI DEL SITO. Non dimenticare di modificare la frase "TUA-EMAIL-PAYPAL" con la tua email reale di paypal.** Clicca su Salva.

7) Il tuo banner è subito online nel tuo blog!

È straordinariamente semplice e veloce, e puoi anche inserire gli altri banner presenti nel tuo pannello di controllo.

Infatti più banner inserisci, più prodotti pubblicizzi, più possibilità hai di incontrare l'**interesse** dei tuoi visitatori. Questo ti consente di iniziare a guadagnare da subito perché tutti gli utenti che passeranno dal tuo blog troveranno un prodotto di loro gradimento segnalato dal tuo banner.

Lo so che può sembrare scontato che io pubblicizzi come "migliore" il mio stesso programma di affiliazione, ma su internet contano solo i risultati e io ne ottengo molti, quindi ciò che ti propongo è basato su anni di esperienza e risultati concreti.

In ogni caso il blog, a differenza del classico minisito che punta su un solo prodotto, ti consente di partecipare tranquillamente a tutti i programmi di affiliazione che trovi, è solo questione di aggiungere una recensione in più su questo o quel prodotto. Quindi puoi sia sperimentare il nostro che quello di altri.

Rispetto al minisito ha però alcuni punti in comune fondamentali, che sono quei 3 pilastri del web marketing che sono essenziali per la vendita online: motivare, informare, rassicurare e che in questo libro vedi spiegati in maniera molto approfondita per la prima volta.

Riepilogando, puoi guadagnare con il tuo blog **scrivendo recensioni** che parlino di prodotti che hai provato e che ti senti di consigliare. In fondo è una cosa che già fai e nessuno ti paga per farlo. Pensa a tutte le volte che hai consigliato quel prodotto o quel sito ai tuoi amici. Se tu avessi ricevuto qualche euro per ogni consiglio oggi saresti milionario!

Quella che da oggi potrai fare è invece monetizzare questa tua esperienza. Se ci pensi la maggior parte delle professioni si basa su questo: un avvocato che ti consiglia come muoverti in una certa situazione, ti consiglia in base a quello che sa e che ha provato. E per farlo ti chiede migliaia di euro per ogni consulenza. Così come l'idraulico o l'architetto: ti fanno pagare per i loro consigli.

Nello stesso modo tu puoi scrivere delle recensioni per consigliare certi prodotti e guadagnare da essi. Nulla ti vieta di scriverlo anche nel tuo blog, nella massima onestà: "Ragazzi, oggi ho letto l'Ebook di Giacomo Bruno su come guadagnare con i blog. Ve lo consiglio assolutamente non perché io mi sia iscritto al suo programma di affiliazione, ma perché troverete davvero tanti consigli utili e pratici. E il fatto che io mi sia iscritto vuol dire che ne vale davvero la pena!". Essere onesti e parlare in maniera trasparente credo che sia la scelta migliore, quella che ti premia a lungo termine. Quindi vai tranquillo, iscriviti ad uno o più programmi di affiliazione, scrivi recensioni sui prodotti che rivendi e ciascuna recensione rendila accattivante mediante lo schema Motivare – Informare - Rassicurare che vedrai nei prossimi capitoli.

In alternativa puoi guadagnare con il tuo blog inserendo **banner pubblicitari**: in tal caso ti consiglio vivamente di cercare programmi di affiliazione che ti pagano non a clic ma a commissione sulle vendite, in modo da poter guadagnare cifre notevoli anche se hai pochi visitatori sulle tue pagine.

Per aumentare le visite ti suggerisco di aggiornare il tuo blog più spesso possibile con **articoli interessanti**, per ricevere traffico sia dal passaparola sia dai motori di ricerca. I guru dei blog consigliano di aggiornarlo non meno di 2 volte a settimana, altrimenti le persone non ti seguiranno. Su internet c'è tanta concorrenza e le persone sono affamate di contenuti freschi e originali. Più lo aggiorni meglio è, sia perché le persone verranno a visitarti più spesso e quindi vedranno di più i tuoi banner, sia perché i motori di ricerca prediligono i siti aggiornati più frequentemente.

Se all'inizio trovi difficoltà a scrivere materiale nuovo, posso consigliarti delle risorse online davvero ottime che forniscono contenuti per chi ne ha bisogno.

Sono siti nei quali ogni autore può inserire i propri articoli e dal quale ogni webmaster può prelevare articoli di proprio interesse per inserirli nel proprio sito, rispettando ovviamente citazioni e link all'autore e al sito. Questo ti consente di inserire ogni giorno **articoli gratis** sull'argomento di tuo interesse.

Questa strategia non deve però sostituire il fatto di scrivere anche dei tuoi articoli originali. Altrimenti i motori di ricerca si accorgono che i tuoi contenuti sono uguali a quelli di altri siti e quindi ti penalizzano. Pertanto devi dare spazio alla tua creatività, con articoli nuovi e di un certo spessore. Puoi scrivere articoli su qualsiasi argomento, in particolare su ciò che ti **appassiona**. Sono sicuro che hai almeno un hobby o un lavoro che ti appassionano parecchio, quindi racconta tutte le tue esperienze o le tue idee.

Parla di ciò di cui hai una conoscenza profonda. Scegli la tua **nicchia** e creati una forte autorità, diventa l'esperto del settore. Ci sarà sempre qualcuno pronto a seguirti e darti nuove idee, o a lasciare commenti. Rispondi sempre ai commenti e usali come spunto per nuovi articoli. Anche in questo caso non trascurare di scrivere in maniera motivante per attirare l'attenzione e suscitare l'interesse delle persone: segui lo schema Motivare – Informare - Rassicurare che vedrai nei prossimi capitoli.

Infine puoi guadagnare con il tuo blog usandolo come **Minisito e-commerce**, cioè come un sito web di una pagina dove tu promuovi un prodotto, che sia il tuo o quello di qualche programma di affiliazione. Il vantaggio rispetto al minisito tradizionale è che il blog è gratuito, facile e intuitivo da gestire, online dopo 5 minuti senza conoscere nulla di Html e programmazione. Non hai bisogno di modificare le pagine con un editor tipo FrontPage o Dreamweaver, né di programmi Ftp per caricare online le pagine. Infatti tutte le piattaforme di blogging ti danno il blog già pronto e tutto lo spazio di cui hai bisogno per essere subito online. Inoltre puoi variare la grafica del tuo blog in qualche secondo, semplicemente selezionando il design che più ti piace da una serie di modelli già pronti. Straordinario.

Anche in questo caso, e a maggior ragione perché stavolta usi il blog come sito e-commerce, dovrai seguire lo schema Motivare - Informare - Rassicurare.

RIEPILOGO DEL GIORNO 4:

- Il minisito è un'unica pagina molto ottimizzata e finalizzata alla vendita di un prodotto.

- Puoi fare soldi con i blog utilizzandoli come minisiti finalizzati alla vendita di prodotti.

- Puoi fare soldi con i blog scrivendo recensioni per conto di aziende che ti pagano per farlo.

- Puoi fare soldi con i blog scrivendo recensioni su prodotti che rivendi tramite programma di affiliazione.

- Aprire un blog richiede zero spese, zero esperienza, zero tempo.

- I blog vengono ben indicizzati sui motori di ricerca senza alcun tuo intervento di ottimizzazione.

- Puoi fare soldi con i blog inserendo i banner pubblicitari della Bruno Editore basati non sui click ma sulle commissioni.

- Inserendo banner pubblicitari della Bruno Editore sulle pagine del tuo blog guadagni subito i tuoi primi 30 euro.

GIORNO 5:

I pagamenti

Il tuo progetto di minisito è pronto. Sai come motivare, informare e rassicurare il tuo cliente. Ora gli devi solo consentire di effettuare l'ordine nel modo più facile e veloce possibile.

Se pensi ai vari siti di e-commerce sono piuttosto complicati: devi inserire il prodotto nel carrello, calcolare il totale con le tasse e la spedizione, riempire una serie di moduli per la spedizione e la fatturazione, verificare l'ordine, confermarlo, inserire i dati della carta di credito e così via. Un processo lungo e difficile da costruire sul tuo sito. Richiede esperienza di programmazione e grandi studi di usabilità.

Per fortuna tu puoi saltare tutti questi passaggi. Lo strumento che io utilizzo e che ti consiglio vivamente di utilizzare si chiama PayPal.

È uno strumento straordinario che fa tutto da solo, è il numero uno al mondo nella gestione dei pagamenti con carta di credito. È una sorta di banca virtuale dove tu apri un conto, la gente paga con la propria carta di credito, e il tuo conto cresce di giorno in giorno.

Quando vuoi trasferisci i tuoi soldi dal conto virtuale di PayPal al tuo conto corrente bancario nella banca che hai sotto casa. Facilissimo da usare e da inserire sul tuo sito. Tra poco ti dirò esattamente come fare per implementare PayPal sul tuo sito.

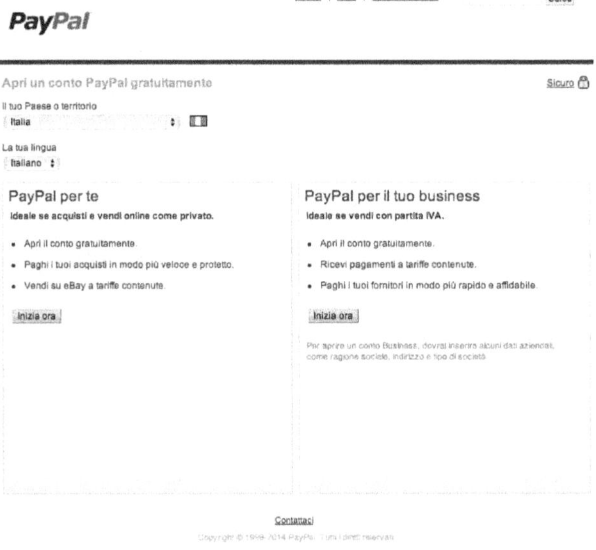

È la scelta migliore perché la carta di credito è oggi il metodo di pagamento online più diffuso che esiste. In realtà è molto più sicuro pagare con carta di credito su internet, piuttosto che al negozio sotto casa dove un negoziante furbetto gestisce in prima persona il pagamento e potrebbe clonarti la carta. Lo dico perché mi è successo.

Altri metodi come il bonifico, il contrassegno, il vaglia postale sono buoni ma te li consiglio solo se non puoi mettere la carta di credito. È sempre meglio ricevere immediatamente il pagamento, altrimenti si potrebbero allungare i tempi della vendita o il cliente potrebbe semplicemente dimenticarsi di andare in banca o alla posta ad effettuare il pagamento.

Per il resto gli americani ci insegnano che la carta di credito è la scelta migliore, la più veloce per tutti, la più sicura per il venditore. E ti permette di fare business con prodotti virtuali come guide, musica, suonerie, biglietti, prenotazioni, senza avere alcun costo di spedizione. Finché rimani in Italia con la spedizione te la cavi anche entro i 12 euro del corriere, ma appena varchi il confine le spese di spedizione vanno tranquillamente dai 30 ai 90 euro. Sicuramente più del prodotto stesso. Ad esempio PayPal, quanto ti costa? Se un conto corrente normale costa circa un centinaio di euro all'anno, quanto costerà un conto virtuale con tutti questi servizi? Nulla, è gratis.

Puoi inserire l'intero sistema di gestione pagamenti sul tuo sito in maniera assolutamente gratuita. PayPal ti chiederà solo una piccola commissione (intorno al 4%) su ciascun pagamento con carta di credito. Quindi paghi solo se guadagni: questo vuol dire che anche qui non hai alcuna spesa fissa.

Se invece tu apri un conto per accettare i pagamenti con carta di credito con una delle banche più famose in Italia, da Banca Sella a Unicredit, ti fanno pagare una quota fissa per l'attivazione, più le commissioni su ciascuna transazione. Questo vuol dire che, se anche non vendi un solo prodotto, hai già tirato fuori parecchi soldi. E per di più non ti offrono la parte di gestione dell'ordine: carrello, calcolo di tasse e spedizione, indirizzi, etc etc. e sono molto complicate da programmare all'interno del tuo sito.

Ritengo che internet sia incredibile anche per questo, stai costruendo un'attività commerciale più che redditizia a costo zero. Ti rendi conto di quanto valgono gli strumenti che ti sto indicando?

Inserire il pulsante di pagamento sul tuo sito

Vediamo passo passo la procedura per inserire sul tuo minisito il pulsante per consentire ai tuoi clienti di effettuare l'ordine e il relativo pagamento con carta di credito:

Per attivare la procedura vai sul sito di PayPal, clicca su "crea un account", inserisci la tua mail, i tuoi dati e così via. A questo punto, il sistema ti crea un pulsante che inserisci sul tuo sito per farti pagare. Quindi vai sulla funzionalità "pulsante paga adesso". Il sistema ti chiederà il nome del prodotto, il costo e se ci sono spese di spedizione. Dopo di che clicca su ok, e ti verrà comunicato direttamente il codice Html da copiare e incollare nel tuo sito. Tutto questo lo puoi fare pur non sapendo nulla di Html.

Ovviamente fai subito un test. Apri il tuo sito e prova il pulsante. Ti si aprirà il sito di PayPal dove il tuo cliente potrà inserire i suoi dati e il numero della sua carta di credito. Una volta riempiti tutti i campi, lui cliccherà su "Paga" e la transazione verrà effettuata: riceverete entrambi un'email di conferma da PayPal. Tu riceverai l'avviso che ti è arrivato un nuovo pagamento, lui avrà la ricevuta del suo pagamento.

I soldi ti saranno istantaneamente accreditati sul tuo conto PayPal. Se vuoi trasferirli subito sul tuo conto corrente bancario, clicca su "Il Mio conto" e poi su "Preleva". Ti chiederà i dati bancari del tuo conto e potrai fare il trasferimento della cifra che desideri. Più facile che bere un bicchiere d'acqua.

PayPal è uno strumento potentissimo, facile da usare e ancora più facile da implementare sul tuo sito. Sul tuo account inoltre troverai tante guide su come usare e ottimizzare al meglio tutti gli strumenti offerti da PayPal. Se hai più di un prodotto puoi usare il carrello virtuale o mille altre opzioni a tua disposizione. Mano mano che diventi esperto puoi dare sfogo alla tua creatività. Ma sappi che il pulsante "Paga Adesso" è l'unica cosa di cui hai veramente bisogno.

Come automatizzare i guadagni

La parte più bella deve ancora venire. Infatti, una volta concluso l'ordine, tu invii al cliente il tuo prodotto all'indirizzo che ti ha indicato, o se è un prodotto virtuale glielo spedirai direttamente via email, senza alcun costo di spedizione. O, ancora meglio, glielo farai scaricare direttamente dopo aver pagato con carta di credito, per un servizio più rivolto alla soddisfazione del cliente.

In questo modo renderai completamente automatica tutta la procedura e tu guadagnerai soldi anche mentre dormi, 24 ore su 24, 7 giorni su 7. Ti ripeto la procedura perché è fondamentale che tu capisca questo passaggio che può farti diventare veramente ricco in modo automatico:

1) Il cliente arriva sul tuo sito e viene sedotto dai grandi benefici che gli prometti.

2) Il cliente fa un ordine dal tuo sito e paga con carta di credito su PayPal.

3) Il cliente scarica direttamente il prodotto virtuale che ha scelto sul suo computer.

E tu? In tutto questo procedimento dove sei? Tu sei al mare a goderti la vita, oppure ti stai ingegnando a trovare nuove forme di reddito. Perché il segreto è proprio questo, tu puoi rendere automatico l'intero procedimento.

Il presupposto è che il prodotto che hai scelto sia un prodotto virtuale, in formato elettronico (guida, Ebook, servizi, biglietti, etc), oppure, se il prodotto è fisico, che sia qualcun altro a occuparsi della spedizione. Puoi incaricare un corriere di tenere il magazzino e fare le spedizioni, appena tu gli inoltri gli ordini.

In caso di programmi di affiliazione ancora meglio: tu vendi prodotti di altri, quindi saranno gli altri a occuparsi di tutto.

L'obiettivo è lavorare una volta sola con intelligenza per costruire il tuo acquedotto di rendite costanti e continue.

È come il cantante che crea un nuovo album e poi lo lascia vendere alle case discografiche. E lui incassa denaro per tanti tanti anni.

O come uno scrittore che scrive un libro e guadagna dai diritti d'autore sempre per tanti anni, finché quel libro continua ad essere venduto.

Questo è un concetto base della ricchezza e si chiama valore residuo. Quanto valore residuo c'è nello scrivere un libro? Tanto, perché il tuo lavoro di una volta continua a farti guadagnare per anni.

E quanto valore residuo c'è in un avvocato? Niente, perché viene pagato per il lavoro che fa, in un rapporto 1 a 1. Cioè, lavora una volta, viene pagato una volta.

Al contrario il tuo sito web ha un valore residuo potenzialmente infinito perché il lavoro lo fai 1 volta e poi quello stesso lavoro ti fa guadagnare oggi, domani, dopodomani e così via per mesi e anni.

Questo è il segreto della ricchezza che ha fatto diventare milionari non solo i grandi imprenditori italiani e americani, ma anche decine di semplici ragazzi che hanno sfruttato internet per creare attività ad alto valore residuo. Senza spendere soldi e senza esperienza.

RIEPILOGO DEL GIORNO 5:

- L'ordine e il pagamento sono solo la conseguenza di un sito efficace.

- PayPal è il numero 1 al mondo nei pagamenti con carta di credito per sicurezza e facilità.

- PayPal è gratis ed è facile da inserire sul sito.

- Con PayPal automatizzi completamente il sito e crei rendite automatiche di denaro, con un alto valore residuo.

ESERCIZIO DEL GIORNO 5:

- Crea un account su PayPal come "Commerciante".

- Inserisci il pulsante "Paga ora" sul tuo sito.

- Fai un test per verificare il funzionamento.

GIORNO 6:
La pubblicità

Ok, il tuo sito è pronto, il tuo prodotto è una bomba e si vende da solo. Ora devi solo trovare gli acquirenti.

Ragionaci: ti piacerebbe avere un business come McDonald che ti garantisce un sacco di soldi, che però è situato in cima ad una montagna deserta? Non sarebbe un grande business. E allora devi portare clienti sul tuo sito, e anche alla svelta.

La realtà ci dice che le grandi aziende fanno il contrario: spendono molti più soldi per la pubblicità che non per i contenuti del sito, ignorando completamente le principali regole di web marketing. E quindi sai che succede? Che hanno un sacco di visitatori, ma non vendono nulla perché il sito è trascurato o poco motivante.

Risultato: il fallimento. Tu invece stai facendo il contrario: un sito di una sola pagina ma super curato nei dettagli. E solo ora ti dedichi a far venire visitatori sul tuo sito, perché prima sarebbe stato uno spreco di risorse e di denaro.

E allora come si fa? È molto semplice perché il motore di ricerca numero 1 al mondo, Google, ti vende spazi pubblicitari ad un costo bassissimo, da 5 centesimi di euro per ogni click ricevuto.

Quindi attenzione, non 5 centesimi per visualizzare il tuo annuncio (la visualizzazione si chiama "impression") ma 5 centesimi solo quando qualcuno clicca sul tuo annuncio e arriva nel tuo sito. Questa forma di pubblicità si chiama pay-per-click ed è molto efficace.

Ad esempio, quando qualcuno cerca su Google la parola chiave "tv", oltre ai normali risultati della ricerca appariranno delle finestrelle con dei risultati sponsorizzati, tra cui gli annunci a pagamento di negozi online che vendono televisori.

In questo modo i negozi online ricevono persone che sono già fortemente targhetizzate, cioè fortemente interessate all'argomento e quindi con buone probabilità di voler fare acquisti.

Tu spendi 5 centesimi per far arrivare quella persona sul tuo sito, però poi quella persona spende 3.000 euro per l'ultimo modello di tv al plasma. Un buon ritorno economico, no? Certo non tutti compreranno, magari solo 1 su 10 o 1 su 100. Questa percentuale si chiama tasso di conversione, cioè quante persone fanno un acquisto fra tutte quelle arrivate.

In genere nei siti di commercio elettronico in Italia la conversione è molto bassa (inferiore all'1%) proprio perché i siti non rispettano le principali regole del web marketing e quindi perdono soldi su soldi. Il tuo sito invece avrà una conversione molto buona (superiore all'1%) perché è studiatissimo e perché essendo di una sola pagina, non distrae l'utente con la navigazione. O compra o se ne va, semplice e chiaro.

Quindi i tuoi risultati saranno ottimi, semplicemente perché queste sono regole che funzionano e sono molto molto efficaci.

Vediamo ora come acquistare annunci su Google:

1) Vai su <u>Google Adwords</u>
2) Clicca su "Iscriviti subito" e apri il tuo account
3) Crea una Nuova Campagna
4) Inserisci gli Annunci e le Parole Chiave

In pratica è molto facile perché la procedura è completamente guidata e tu devi solo inserire quello che ti viene chiesto passo passo.

I tuoi annunci saranno già online pochi minuti dopo averli inseriti. Il che significa che ogni volta che qualcuno cerca sul motore di ricerca quella specifica parola che tu hai acquistato, il tuo annuncio comparirà tra gli sponsor e potrà essere cliccato.

Ricordati di fissare un budget massimo giornaliero (ad esempio

10 euro), in modo da controllare sempre il tuo investimento.

Inoltre scegli parole chiave molto attinenti al tuo prodotto e lasciati consigliare da Google che ti suggerisce le parole migliori e quelle con più ricerche giornaliere. Più persone cercano quella parola chiave, più possibilità hai tu di avere nuovi clienti e di vendere più prodotti. E quindi di fare più soldi.

In alternativa puoi utilizzare lo strumento che abbiamo visto prima, il "Selettore di parole chiave" di Google, per decidere quali parole chiave acquistare.

Sugli annunci ti do un consiglio prezioso: rendi unici i tuoi annunci. Ci sono molti concorrenti per la stessa parola chiave e l'unico modo per far sì che un utente clicchi sul tuo annuncio piuttosto che su quello degli altri è renderlo unico e originale. Ti faccio un esempio.

Annuncio banale:
Guida alle ricette
Scopri le migliori ricette

per la tua cucina raffinata

Annuncio originale

Tu non sai cucinare.

Anche io non sapevo farlo

poi ho scoperto questa guida

Parliamoci chiaro, bisogna distinguersi. Questa è la base del marketing. Bisogna essere un po' provocatori per ottenere visibilità. E su internet la visibilità è tutto. Quindi segui queste regole:

1) crea annunci originali e unici;

2) scegli parole chiave molto ricercate su Google;

3) linka il tuo annuncio direttamente alla pagina del prodotto (questo nel caso tu abbia più di un prodotto, ma per ora tu ne hai uno solo).

Se segui queste regole semplici, il successo è assicurato. Otterrai molti utenti interessati già dopo pochi minuti dall'apertura del tuo account su Google Adwords e inizierai a vedere entrare i tuoi primi soldi sin dal primo giorno.

Siamo al settimo giorno e come ti avevo promesso puoi vedere la tua prima rendita in soli 7 giorni.

L'ammontare di questi primi guadagni potrebbe essere ottimo sin dal primo giorno. Ipotizzando che ricevi 100 visitatori sul tuo sito, pagati non più di 5/10 euro su Google Adwords, e immaginando di vendere 1 sola guida alle Ricette a 20 euro, avresti già fatto un guadagno netto di 10 euro su 10 investiti. Il guadagno è del 100% sul tuo investimento.

Neanche i migliori investitori di Borsa possono aspettarsi il 100% dell'investimento in un solo giorno.

E ho fatto dei calcoli molto cautelativi, mi sono tenuto parecchio basso. Infatti in genere la conversione di un minisito può essere molto più alta di 1 su 100. Basterebbe che fosse del 2% e incasseresti 40 euro, spendendone 10 in pubblicità. Guadagno del 400% in un giorno.

Oppure la tua guida potrebbe essere venduta a 29, 39, 49 euro. Dipende dal tipo di prodotto che hai creato o che stai rivendendo. Se fosse a 40 euro, raddoppieresti ancora i tuoi introiti, mantenendo inalterate le spese. Due vendite da 40 euro sono 80 euro, su 10 spese in pubblicità. Totale, un guadagno dell'800% in un giorno.

All'inizio tieni bassi i tuoi investimenti pubblicitari, in modo che tu abbia il tempo di verificare che tutta la procedura sia ben chiara ed efficace. I primi giorni aggiorna il sito rispondendo alle domande più frequenti, fai dei test con diversi titoli e benefici. Rendi sempre più efficiente il tuo sito, aggiungi delle foto belle del tuo prodotto. E così via.

Quando la cosa funziona bene, e hai raggiunto queste percentuali di guadagno così alte, allora puoi alzare il budget di investimento su Google Adwords. Perché se hai raggiunto anche solo il 100% di guadagno, allora investendo 1.000 euro in un mese, puoi guadagnare altri 1.000 euro. E il mese dopo hai 2.000 euro da investire. E il mese dopo ancora ne hai 4.000. Virtualmente puoi arrivare ad infinito. E allora il tuo problema più grande sarà come spendere tutti questi soldi.

Il bello è che arrivato a questo punto è tutto automatizzato. Gli annunci girano su Google, le persone arrivano sul tuo sito, alcuni di loro compreranno il tuo prodotto, pagheranno con carta di credito su PayPal e tu riceverai un'email di conferma per ogni pagamento ricevuto.

In maniera automatica e costante sentirai il "Ding Ding" dei soldi che ti arrivano in tasca.

Anche mentre dormi ci sarà qualcuno che arriverà sul tuo sito e comprerà il tuo prodotto. Anche mentre sei al mare in vacanza, continuerai a ricevere i soldi dall'acquedotto che hai costruito in questi 7 giorni.

La Formula Segreta di Google

Arriviamo ad uno degli argomenti clou della guida che è il mio speciale su Google: *la formula segreta frutto di anni di test ed esperimenti.* Ti condurrò nei segreti di Google, ne scopriremo i criteri di funzionamento: come creare annunci che funzionano, come pagarli poco e tanti altri piccoli segreti che nessuno conosce.

Google è il motore di ricerca più importante al mondo. Come puoi vedere vi sono alcuni annunci cerchiati in rosso, si tratta dei cosiddetti annunci sponsorizzati, gli altri sono normali risultati del motore di ricerca.

Noterai che la pubblicità sta prendendo il sopravvento rispetto ai risultati normali, è il futuro, è quello che attualmente fa guadagnare tanti milioni di dollari a Google, che lo rende una incredibile potenza. Questo perché in Google c'è gente intelligente, in gamba, che è partita da zero. Non c'è il figlio di papà che ha ereditato una fortuna, ma gente veramente forte. Allo stesso modo di Bill Gates, che può essere simpatico o antipatico ma resta comunque un genio.

Quando ho registrato il mio videocorso sulla *Ricchezza*, dissi che investire su Google sarebbe stato un grande affare, e ai tempi si attestava sui 200 dollari. Ripresi l'argomento diversi mesi più tardi, durante la registrazione di un altro mio videocorso *Vincere in Borsa*. Google era arrivato a 350, e ora è ad oltre 400 dollari. Quindi chi aveva appreso le mie strategie aveva visto raddoppiati i propri soldi in pochissimo tempo.

Per lo stesso motivo segui con molta attenzione quello che sto per dirti adesso. La formula per essere primi sugli annunci di Google è il frutto di molti mesi di lavoro, anche anni, trascorsi a fare test ed esperimenti.

È una formula di immenso valore per chiunque investa su internet, perché ti permette di risparmiare decine di migliaia di euro all'anno in pubblicità e di trasformare un cattivo investimento in un ottimo investimento.

Io ho migliaia di affiliati che rivendono con successo i miei prodotti. E molto spesso queste persone mi scrivono per chiedermi se i loro risultati sono buoni o nella media. Prendiamo il caso di un affiliato che mi ha mandato 1.000 click e ha fatto 10 ordini per un guadagno medio di 300 euro.

Secondo te è un buon investimento? Non lo puoi sapere. Né lo posso sapere io. La risposta dipende da quanto lui abbia pagato quei 1.000 click. Perché se li ha pagati 10 centesimi l'uno, ha speso 100 euro e ha fatto un ottimo investimento. Speso 100, guadagnato 300, davvero ottimo.

Ma se quei click li ha pagati 50 centesimi l'uno perché semplicemente ha impostato il budget e il CPC (cost per click) suggerito da Google Adwords, allora avrà speso 500 euro. Spesi 500, guadagnati 300: persi 200 euro, un pessimo investimento.

Quindi ciò che fa veramente la differenza è quanto tu paghi un clic. Se sbagli questa impostazione, sbagli l'intero investimento e ti bruci per sempre la possibilità di fare soldi online.

Se paghi troppo i click su Google Adwords allora il tuo investimento sarà perdente.

Ogni forma di investimento va misurata e calcolata in anticipo. È facile fare soldi su internet, molto più facile che in qualsiasi altra attività che io conosco. Ma ci vogliono le giuste strategie.

Io ad esempio conosco molto bene due dati statistici importanti relativi alla Bruno Editore: so che la vendita media per cliente è di 260 euro e che poiché l'annuncio è fatto bene 1 persona su 100 compra. Quindi 100 visitatori mi valgono 260 euro, perché 1 di loro spenderà in media proprio quella cifra. Questo vuol dire che nei miei annunci posso arrivare ad offrire 2,60 euro a clic. Se riesco a spendere meno di questa cifra, allora guadagno. Se, come sono solito fare, imposto un costo per clic massimo di 0,05 o 0,10 allora il ritorno sull'investimento è davvero notevole.

Però la condizione necessaria affinché io e te possiamo offrire solo 5/10 centesimi ed essere comunque visibili nei risultati di Google è la strategica conoscenza della segretissima formula segreta dell'Ad Rank di Google. Cos'é l'Ad Rank? Il posizionamento che si riesce ad ottenere tra gli annunci pubblicizzati.

Eppure tutti pensano che la posizione tra gli annunci dipenda da quanto offri come costo per clic. Cioè se tu offri 1 euro a clic e io offro 10 centesimi, poiché la classifica si basa su una sorta di asta, tu dovresti stare più in alto di me. È corretto?

In fondo Google vuole guadagnare e in teoria dovrebbe preferire mettere te in alto, così ogni clic gli vale 1 euro guadagnato. Invece quando cliccano su di me, Google guadagna solo 10 centesimi. Ma ecco il dubbio da insinuare: che succede se il mio annuncio è fatto così bene che anche trovandosi più in basso del tuo viene cliccato 20 volte e il tuo solo 1 volta? Che Google guadagna da te sempre 1 x 1 euro = 1 euro. Da me invece guadagna 20 x 0,10 = 2 euro.

Quindi, se il mio annuncio è fatto secondo alcune specifiche che ti dirò a breve, allora Google guadagnerà più da me che da te. Quindi, anche se tu offri più di me, il mio annuncio scalerà in prima posizione perché funziona meglio del tuo.

Google stabilisce la classifica anche in base a quanto guadagna dal tuo annuncio.

E mentre nella tua testa cominciano a frullarti tante idee sul significato di quanto ti ho detto in queste ultime righe, inizia a pensare a cosa questo possa significare. A come questo possa creare più denaro nelle tue tasche e come possa farti risparmiare migliaia di euro. Specie dopo averne spesi migliaia su Adwords senza conoscere queste strategie.

Ma prima di andare avanti con le spiegazioni tecniche, direi che è arrivato il fatidico momento per svelarti la formula dell'ad rank, ovvero di come viene stabilito l'ordine esatto degli annunci di Google Adwords. È emozionante per me svelarti questa formula che mi è costata migliaia di euro spesi in pubblicità e anni di esperimenti sul campo:

AD RANK = CPC x Quality Score

CPC = costo per clic

QUALITY SCORE = CTR + HKP + RKA + CLP + OFR

- **CTR** (40%): percentuale di clic
- **HKP** (25%): performance storica keyword
- **RKA** (15%): rilevanza della keyword nell'annuncio
- **CLP** (15%): contenuti della landing page
- **ORF** (05%): altri fattori rilevanti

Questa formula matematica significa che la posizione in classifica del tuo annuncio è data dal costo che sei disposta a pagare (CPC) moltiplicata per il Quality Score, ovvero per un punteggio di qualità dato dalla somma di tutti gli altri fattori: ad esempio quante volte il tuo annuncio viene cliccato, dal tipo di parole chiave utilizzate e così via.

L'Ad Rank prende in considerazione sia il Costo Per Clic sia una serie di parametri indicati dal Quality Score.

Analizziamo uno ad uno i singoli elementi, così che tu possa avere tutte le idee ben chiare.

CPC (*cost per click*): ovvero quanto sei disposto a pagare per il tuo clic, i famosi 5/10 centesimi, fino a qualche euro. Quanto offri in termini di soldi è importante, certamente. Se offri 10 euro per un annuncio, sì, apparirai sicuramente per primo, solo che saresti un folle.

Il CPC lo stabilisci tu, dipende da quanto sei disposto a pagare per l'annuncio. In genere ti viene chiesto il CPC *massimo* che sei disposto a pagare: infatti essendo un'asta, se offri un euro ma la seconda persona offre 50 centesimi, quando qualcuno clicca sul tuo annuncio, tu non spendi un euro, ma 51 centesimi, cioè un solo centesimo in più rispetto all'offerta inferiore, quanto basta per superarla.

Nello stesso modo se una terza persona offre, ad esempio, 10 centesimi, la seconda, che ha offerto 50, ne pagherà in realtà 11. Questa è già una cosa positiva, cioè Google ti permette comunque di risparmiare. Tu inserisci il costo massimo che sei disposto a sostenere però, tendenzialmente, spendi di meno. Quindi, se non ci sono altri concorrenti, paghi il minimo, anche se offri un euro.

Sappi che in America si ingaggiano vere e proprie guerre tra partecipanti all'asta. Ragionano in questo modo: "Uno che è disposto ad offrire 50 centesimi, comunque ne paga 11 perché la persona che lo segue come livello di offerta ha detto 10 centesimi. Però dato che lui vuole fare un dispetto a quello che lo precede, e che ha offerto un euro, mette come massimale di spesa 99 centesimi. Quindi cosa succede? Lui paga sempre 11 centesimi perché chi lo segue ne offre 10 centesimi, però quello che lo precede pagherà l'euro offerto per intero". A questo punto si innesca una contesa infinita, perché chi lo precede, non appena se ne accorge metterà 98 e non più 1 euro, così lo costringe a pagare 99 centesimi, mentre lui ne pagherà sempre 11.

A cosa serve tutto questo? Devi sapere che Google ti chiede di impostare un budget giornaliero da spendere in pubblicità, e quindi ogni concorrente cerca di far spendere più possibile agli altri per far consumare loro il budget, farli uscire di scena e diventare primo. Quindi comunque c'è un vantaggio per chi fa la guerra. Fortunatamente in Italia non se ne vede ancora traccia, perché sarebbe estenuante, oltre che scorretto.

Il massimo che mi è capitato è che qualche mio concorrente si sia divertito a cliccare i miei annunci, tanto per farmi spendere dei soldi. Non si è però reso conto che grazie ai suoi clic il mio CTR è aumentato tantissimo e questo mi ha permesso di scalare la classifica e pagare sempre di meno. Quindi gli sono grato.

Il costo per clic ovviamente è importante. Più tu offri e più stai in alto. Però non è l'unico parametro da tenere in considerazione perché va moltiplicato per il punteggio di qualità. Cioè il tuo annuncio deve essere rilevante, deve contenere parole chiave adeguate, e deve essere costruito in un certo modo. Il Quality Score, che è nella formula principale, è dato dalla somma di tutte quelle sigle, secondo una certa percentuale.

Maggiore è il Costo Per Clic (CPC) che sei disposto a pagare, migliore è la tua posizione in classifica.

CTR (*Click-Through Rate*): è il dato più importante del Quality Score e pesa quasi la metà sull'intera formula. Misura percentualmente la quantità di persone che cliccano sul tuo annuncio. Quindi se io costruisco l'annuncio sulle ricette inserendo la frase "vendesi scarpe", quante persone cliccheranno secondo te? Lo 0%, con un CTR pari a 0. Un costo per clic qualsiasi, ad esempio un euro, moltiplicato per 0 fa 0. Quindi come verrai posizionato? È semplice, non ci sarai, verrai escluso. Dopo un tot di volte che il tuo annuncio viene visualizzato e non cliccato, ti estromettono perché hai totalizzato CTR 0%.

Il CTR minimo per rimanere nella lista è lo 0,1%. Finché lo hai Google ti tiene. Quindi se anche solo una persona su 1.000 ti clicca continui a partecipare agli annunci, altrimenti sei fuori. Perché non rendi soldi, quindi sei perdente. Google è un'azienda, deve fare business, deve fare soldi, quindi se non gli rendi soldi, poiché tu paghi solo se ti cliccano, non c'è ragione che tu venga tenuto.

Per questo è importante creare un annuncio ben fatto, originale, e con specifiche ben precise per far sì che sia molto cliccato. Le mie percentuali di clic sono spesso sopra al 10%: significa che per ogni ricerca fatta il mio annuncio era al primo posto e circa un decimo delle persone vi clicca sopra.

Parola chiave	Clic	Impr.	CTR ▼	Posiz. media
guadagnare soldi facili	2	10	20,00%	4,2
come fare i soldi	35	179	19,55%	1,1
fare soldi on line	11	58	18,96%	2,2
come fare tanti soldi	7	48	14,58%	1,1
come fare soldi	162	1.280	12,65%	1,6
fare soldi con internet	17	144	11,80%	2,5
fare soldi su internet	8	69	11,59%	2,7
fare soldi online	18	162	11,11%	2,1
investire soldi	18	163	11,04%	2,8
fare i soldi	8	78	10,25%	1,3
fare tanti soldi	5	50	10,00%	1,5
guadagnare soldi	78	812	9,60%	2,1

In alcuni frangenti e per poche centinaia di visualizzazioni sono riuscito a raggiungere anche percentuali più alte. Ovviamente non puoi mantenere un simile standard sul lungo termine, perché è impossibile, però puoi ottenere e conservare percentuali molto alte del 10, 15, ed anche 20%.

Per quanto tu possa offrire una cifra elevata, se il tuo annuncio non viene cliccato abbastanza, altre persone ti supereranno. Questo perché dalla formula del quality score che abbiamo visto prima, il CTR conta per il 40%, quindi moltissimo.

Maggiore è la Percentuale di Clic (CTR) sul tuo annuncio, migliore è la tua posizione in classifica.

HKP (*Historical keyword performance*): si attesta al 25% l'importanza della performance storica della keyword nella formula del Quality Score. Tramite l'HKP Google è in grado di tenere traccia e valutare se quella specifica parola chiave è stata, nel tempo, molto o poco cliccata dagli utenti. Ti dice quindi se genera o meno molti clic sugli annunci.

Ad esempio la parola "gratis", viene molto cliccata, quindi non è sufficiente che magari tu generi il 2% di clic, è basso. È troppo poco rispetto a quanto questa parola viene cliccata in genere. Se vai a cercare parole chiave cliccate per natura, come "sesso", "musica", "gratis" e così via, devi avere performance più elevate per distinguerti, altrimenti rimarrai nella media della storia di quella parola chiave. Anche quello conta, ma non dipende dal tuo annuncio, dipende dalla storia di quella parola chiave, non ci puoi fare nulla, non puoi intervenire direttamente.

Se una parola chiave ha una percentuale di clic storica (HKP) molto alta, allora devi avere un CTR ancora più alto per migliorare la tua posizione in classifica.

RKA (*Relevance of the Keyword to the Ad*): si tratta della rilevanza della keyword nell'annuncio. La keyword è la parola chiave, quindi quella che la persona digita nel motore di ricerca. Se digita "ricette" trova il tuo annuncio. Nel tuo annuncio la parola ricette è presente? Sì, come nel nostro esempio iniziale:

Guida <u>Ricette</u> Cinesi

Migliora la tua cucina cinese

con 150 esclusive <u>ricette</u> pronte

www.<u>ricette-cinesi</u>.it

Magari ripeti quella stessa parola chiave 2-3 volte, e avrà, rispetto all'annuncio, una rilevanza molto alta, diventa particolarmente importante. La singola parola chiave è tanto più rilevante rispetto all'annuncio quante più volte viene ripetuta all'interno del testo dello stesso. È importante anche la posizione in cui scegli di inserirla. È messa nel titolo? È messa all'inizio o alla fine del titolo? Cambia, meglio all'inizio per la rilevanza. È un fattore che dipende da te, da come decidi di scrivere l'annuncio.

Più la parola chiave è presente e rilevante nel tuo annuncio (RKA), più è alta la tua posizione in classifica.

CPL (*Content of the Landing Page*): si riferisce ai contenuti della landing page, ovvero la pagina di atterraggio, cioè il sito a cui l'annuncio rimanda. Quindi scrivi l'annuncio sulle ricette, che rimanda al sito www.ricette-cinesi.it, dove la parola ricette è scritta tante volte ed è inserita in varie posizioni nel testo, magari nel titolo e così via. La landing page, la pagina di atterraggio, è rilevante rispetto alla parola chiave scelta, rispetto all'annuncio, quindi è un qualcosa di positivo in più che Google considera un fattore di qualità.

È molto importante che l'annuncio punti direttamente alla pagina del prodotto e non a una pagina generica che rischia di disorientare l'utente. Questo è un consiglio che do sempre ai miei affiliati.

Se il sito è fatto male, Google se ne accorge, il cliente se ne accorge e lo perdi, semplice. Il fatto è che il cliente deve industriarsi a cercare la pagina che gli interessa e, se dopo un paio di tentativi non la trova, se ne va. Invece è assai più logico che collegata ad un annuncio specifico vi sia la pagina del prodotto cui ci si riferisce, possibilmente ben costruita, ed il gioco è fatto. Avendo riscontrato spesso questo errore, nel pannello di controllo ho raccomandato di costruire il link con il codice specifico della pagina del prodotto.

Più sono rilevanti i contenuti del sito (CPL) a cui linka il tuo annuncio, più è alta la tua posizione in classifica.

Anche se molti esperti americani valutano i contenuti della landing page come poco rilevanti, indicando una percentuale del 5%, è mia opinione ritenere che il suo valore sia più alto, per lo meno da alcuni mesi a questa parte. Infatti dai test che effettuo mensilmente per aggiornare la mia formula, è risultato che una landing page di qualità migliora il Quality Score e di conseguenza sia la posizione in classifica sia la possibilità di tenere molto basso il costo per clic.

Questo è dimostrato dai risultati ottenuti dai test da me effettuati.

A parità di annunci, costo per clic e percentuale di clic, i nostri annunci sono saliti notevolmente in classifica solo avendo cambiato la landing page. Questo giustifica a mio avviso il considerare il fattore CPL con una percentuale almeno del 15%.

Un ulteriore esperimento atto a verificare la possibilità che potesse essere importante la quantità di pagine presenti sul sito, piuttosto che l'utilizzare il classico mini-sito, ha dato risultati decisivi e concreti: ad oggi un mini-sito risulta essere ancora la scelta migliore, in quanto non sembra esserci alcuna penalizzazione nel ranking di Google.

L'esperimento è stato relativamente semplice: ho pubblicizzato il mio videocorso di PNL attraverso una campagna pubblicitaria su Google Adwords. Un annuncio scritto bene, parole chiave accuratamente scelte, un CPC molto basso e un ottimo CTR da subito. Il dominio a cui rimandava il link era quello principale, cioè Bruno Editore, sito composto da centinaia di pagine e dall'alto TrustRank. Risultato: un'ottima posizione nel ranking di Google Adwords. Definite queste variabili e questi risultati, ho fatto una sola modifica: ho cambiato la pagina di destinazione da

Bruno Editore ad un mini-sito posto sul dominio www.corsi-pnl.org che non contiene nessuna altra pagina al di fuori della pagina di vendita del prodotto.

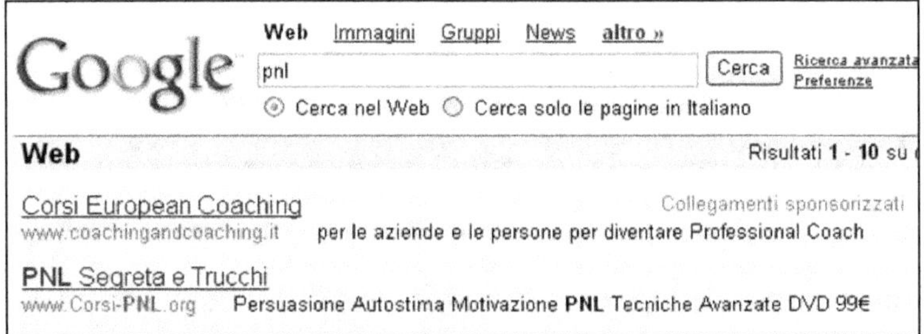

Ebbene questo annuncio si è posizionato nello stesso identico posto di quell'altro, a dimostrazione che ad influenzare il ranking non è il dominio ma solo ed esclusivamente il contenuto della landing page (CLP), che senza dubbio merita una percentuale non inferiore al 15%. Nel capitolo 5 vedremo come creare una landing page di successo ed efficace ai fini del ranking e dell'abbassamento del costo per clic.

ORF (*Other Relevance Factors*): si tratta di altri fattori rilevanti, di cui però nessuno conosce il contenuto esatto e che Google si guarda bene dal diffondere. Altri parametri, che comunque contano poco, un misero 5% sul totale del punteggio di qualità.

Per riepilogare:

AD RANK = CPC x Quality Score

CPC = costo per clic

QUALITY SCORE = CTR + HKP + RKA + CLP + OFR

- **CTR** (40%): percentuale di clic
- **HKP** (25%): performance storica keyword
- **RKA** (15%): rilevanza della keyword nell'annuncio
- **CLP** (15%): contenuti della landing page
- **ORF** (05%): altri fattori rilevanti

Riassumendo posso dire che il lavoro di ottimizzazione più grande per sfruttare queste conoscenze va fatto sul testo dell'annuncio. Infatti costruendo un annuncio adeguato, possiamo inserire le parole chiave più giuste e al posto giusto (RKA) e aumentare moltissimo la percentuale di clic (CTR). Facendo poi un ulteriore lavoro di ottimizzazione della pagina di vendita (CLP), allora i nostri annunci sono matematicamente al primo posto, anche senza offrire più di 10 centesimi di euro.

Per aumentare il CTR dei tuoi annunci, cioè la percentuale di clic, e in generale la rilevanza del tuo annuncio basta inserire almeno nel titolo la parola chiave che le persone stanno cercando. Facile vero? Se tu compri la parola chiave "ricette", e intitoli l'annuncio "Guida alle ricette", hai inserito la parola chiave nel titolo, e sei a posto. Ma cosa succede se hai comprato "cucinare ricette", che, come abbiamo visto, non ha concorrenti? Che il tuo titolo è sempre "Guida alle ricette", e in quest'ultimo caso non vi sarebbe la parola "cucinare". E questo diventa un problema.

D'altronde non potresti creare un annuncio per ogni parola chiave, ci metteresti una vita. Compri cento parole chiave correlate alle ricette e l'annuncio è sempre lo stesso, funziona così. Quelle cento parole chiave saranno però leggermente diverse dal titolo che hai scelto per il tuo annuncio "Guida alle ricette", e questo ti fa perdere rilevanza.

C'è un modo per risolvere questa situazione? Sì. Lo conosce qualcuno? All'inizio lo conosceva solo un'azienda nel mondo che è eBay. eBay si è infatti messa d'accordo con Google nel modo che ti svelerò, per cui anche i tuoi annunci potranno essere sempre rilevanti e questo è fantastico. È uno strumento che mi ha decuplicato il CTR. Se avevo l'1%, è diventato il 10% perché rende il tuo annuncio sempre rilevante e fa sì che contenga sempre la parola chiave che la persona ha cercato, qualunque essa sia.

Google non pubblicizza questa funzione fondamentale nella guida ad Adwords. Probabilmente non vuole che si sappia perché per loro, effettivamente, comporta alcuni svantaggi. Ma tu la userai. In questo modo potrai aumentare facilmente e velocemente il tuo CTR e quindi ottenere risultati grandiosi ed essere primo in classifica.

Prima di svelarti nel prossimo capitolo il segreto per decuplicare il tuo CTR, vediamo però di comprendere meglio la fondamentale importanza del CTR, attraverso un esempio:

Azienda	CPC	CTR	100 annunci	Su 1.000 €
YYY	0,30 €	1%	0,30 €	3.333 clic
ZZZ	0,20 €	1,8%	0,36 €	5.000 clic

Abbiamo l'azienda YYY e l'azienda ZZZ. Noi sappiamo che l'azienda YYY è disposta a pagare 30 centesimi per un clic, che per me è una cifra molto alta, ed ha un CTR, cioè una percentuale di clic, pari all'1%. Cioè, su 100 volte che viene visualizzato, 1 sola persona clicca. Un annuncio standard, niente di particolare, che viene cliccato una volta su cento.

Guardalo dal punto di vista di Google. Google riceve 100 ricerche, quindi per 100 volte evidenzia questo annuncio che viene cliccato a 30 centesimi. Quanto guadagna Google attraverso la tua pubblicità? 30 centesimi. L'azienda investe 1.000 euro, quanti clic riceve? 3.333 clic che a 30 centesimi l'uno fa infatti 1.000 euro. Quindi Google da questa azienda guadagna poco e l'azienda da Google riceve poco.

Ora diciamo che tu sia l'azienda ZZZ. Sei disposto a pagare di meno, 20 centesimi per clic, però hai un annuncio fatto meglio, e quindi viene cliccato l'1,8% delle volte. Su 100 visitatori, 1,8 in media cliccano. Quanto guadagna Google dal tuo annuncio? 36 centesimi, giusto? 20 centesimi per 1,8 fa 36 centesimi. Quindi guadagna di più dalla tua azienda che non dalla prima, e quanti clic ricevi sui 1.000 euro investiti? Ne ricevi 5.000. Quindi Google guadagna di più da te e tu ricevi di più da Google, questa sì è una filosofia win-win. Ti è chiaro l'esempio?

Quale delle due aziende è più furba secondo te? La tua, la ZZZ, perché paga di meno e ottiene di più. Grazie alla formula segreta dell'Ad Rank. Probabilmente la prima azienda non la conosce, non la sa. Fa la sua offerta, poi succede quello che succede, non sa dove si posiziona con il suo annuncio e quanto hanno pagato gli altri, sono informazioni che non possiede. Però sta di fatto che qualcuno riesce ad ottenere di più pagando di meno, quindi bisogna lavorare sulla qualità dell'annuncio.

Tante persone mi dicono: "Ah, ma io ho speso 60 centesimi per l'annuncio e poi non guadagno abbastanza", cioè le commissioni che guadagnano dalla vendita dei prodotti non arrivano a coprire le spese. Io dico sempre: "Hai pagato troppo, 60 centesimi per un annuncio è decisamente troppo".

Tornando alle nostre due aziende, abbiamo visto che la più furba è la seconda, ma noi siamo ancora più furbi. Infatti arrivo io con la Bruno Editore e non intendo pagare più di 10 centesimi a clic.

Azienda	CPC	CTR	100 annunci	Su 1.000 €
YYY	0,30 €	1%	0,30 €	3.333 clic
ZZZ	0,20 €	1,8%	0,36 €	5.000 clic
Autostima	**0,10 €**	**4%**	**0,40 €**	**10.000 clic**

Faccio un annuncio ben strutturato che ottiene il 4% dei clic. Quanto guadagna Google visualizzando il mio annuncio? 40 centesimi. Quindi più dei 36 dell'azienda ZZZ, più dei 30 dell'azienda YYY. Dato che Google vuole guadagnare, cosa fa? Mette per *primo* il mio annuncio perché gli rende di più.

Oltretutto questo è un ciclo che si autoalimenta. Se Google mi mette per primo cosa succede? Le persone vedranno prima il mio annuncio e lo cliccheranno di più: il mio CTR, la percentuale di clic, aumenterà ancora. Quindi se stando al terzo posto, perché offrivo di meno inizialmente, prendo il 4%, immagina se stessi al primo. Magari arriverò a percepire il 10% o il 20% di clic, renderò ancora di più a Google, e saremo entrambi ancora più contenti. Ed io manterrò la prima posizione.

Quanti clic ricevo da Google con 1.000 euro investiti? 10.000 clic! È il triplo rispetto alla prima azienda, eppure offro 1/3 dei soldi, 10 centesimi invece di 30, prendo 10.000 clic invece di 3.333. Non conoscere queste strategia è una follia da un punto di vista economico e finanziario.

Con la formula segreta dell'Ad Rank puoi spendere un terzo e ricevere il triplo dei click.

Ricordo che un mio cliente si era fatto fare una stima dei costi per clic di alcune parole chiave. Analisi fatta da una delle agenzie di pubblicità online più famose d'Italia. La loro stima è stata di un CPC medio pari a 60-70 centesimi. Un prezzo folle! Al mio cliente giustamente non tornavano i conti: spendendo quelle cifre per fare la pubblicità non sarebbe riuscito neanche a ricoprire i soldi investiti. Così siamo andati insieme su Google Adwords, gli ho aperto un nuovo account e gli ho impostato la campagna pubblicitaria: prezzo massimo per clic 10 centesimi. Non un centesimo di più, perché non è necessario.

Giustamente se un principiante fa i conti basandosi, ad esempio, unicamente su quello che dice Google, senza provare a capire il meccanismo e le formule che ci sono dietro, si arrende facilmente. Si dice: "Se devo pagare un euro a clic per la parola ricette e poi magari mi cliccano 30.000 persone, mi costa davvero troppo". Col metodo che ti ho insegnato paghi di meno e ottieni di più. La formula dell'Ad Rank è un bene preziosissimo.

RIEPILOGO DEL GIORNO 6:

- Il pay-per-click è la soluzione più veloce ed efficace.

- L'efficacia è data dalla scelta delle parole chiave e dai testi degli annunci.

- Se paghi troppo i click su Google Adwords allora il tuo investimento sarà perdente.

- Google stabilisce la classifica anche in base a quanto guadagna dal tuo annuncio.

- L'Ad Rank prende in considerazione sia il Costo Per Clic sia una serie di parametri indicati dal Quality Score.

- Maggiore è il Costo Per Clic (CPC) che sei disposto a pagare, migliore è la tua posizione in classifica.

- Maggiore è la Percentuale di Clic (CTR) sul tuo annuncio, migliore è la tua posizione in classifica.

- Se una parola chiave ha una percentuale di clic storica (HKP) molto alta, allora devi avere un CTR ancora più alto per migliorare la tua posizione in classifica.

- Più la parola chiave è presente e rilevante nel tuo annuncio (RKA), più è alta la tua posizione in classifica.

- Più sono rilevanti i contenuti del sito (CPL) a cui linka il tuo annuncio, più è alta la tua posizione in classifica.

- Con la formula segreta dell'Ad Rank puoi spendere un terzo e ricevere il triplo dei click.

ESERCIZIO DEL GIORNO 6:

- Crea un account su "Adwords" di Google.
- Inserisci un budget e il tuo primo annuncio.

GIORNO 7:

Newsletter

Finora abbiamo visto come trovare più clienti aumentando la conversione di vendita con un sito ben fatto, e come aumentare il prezzo medio di vendita attraverso le strategie dell'Upsell e della One Time Offer. Facilmente possiamo portare la vendita media da 100 a 150 euro. In realtà come hai visto possiamo fare anche molto di più. Al tempo stesso dobbiamo riuscire a far tornare le persone che hanno già acquistato qualcosa.

VISITATORI CLIENTI PRODOTTI **RITORNO** TOTALE
10.000   x 1%   x 100 €   x 1   = 10.000 €

VISITATORI CLIENTI PRODOTTI **RITORNO** TOTALE
10.000   x 1,5%   x 150 €   x 1,5   = 33.750 €

In questa formula passare da un ritorno di 1 a 1,5 significa far tornare sul sito almeno il 50% delle persone. Voglio che le persone ritornino e comprino altri prodotti, o vendere prodotti di altri alla medesime persone a cui ho già venduto i miei. In America, a questo scopo, fanno una cosa molto carina, ovvero quella di dare commissioni di affiliazione enormi. Ci sono siti web americani che ti danno fino al 75% di commissione, loro si tengono il 25%, rientrano perfettamente con le spese, tanto vendono Ebook, costi zero, spese nessuna, è tutto automatico, carta di credito, automazione 24 ore su 24, sette giorni su sette. Si possono certamente permettere di dare commissioni così alte, perché il loro scopo principale non è quello di fare profitto sulle vendite (anche se il 25% è comunque un ottimo profitto), bensì è quello di crearsi una lista di clienti a cui poter poi vendere altri prodotti, ricavandone poi un enorme profitto sia vendendo propri prodotti sia accordandosi con altri e vendendo prodotti altrui tramite affiliazione.

L'affiliazione è un modo per creare **leva finanziaria**. Se tu dovessi contare soltanto sul tuo lavoro la leva è uno ad uno, cioè fai ed ottieni risultati. Se però il tuo lavoro lo aggiungi a quello di un altro ed un altro ancora riesci ad ottenere molto di più, ecco perché in America ti offrono fino al 75%. Diventa una cosa realmente positiva, perché tu lavori una volta, crei i tuoi prodotti e li vendi. Poi aderisci ad un programma di affiliazione e vendi anche i prodotti degli altri e così via, utilizzando tutte le tecniche e le strategie che ti ho mostrato.

I programmi di affiliazione ti danno leva finanziaria perché ti permettono di rivendere i prodotti fatti da altri.

Il fatto è che se non hai persone cui pubblicizzare i tuoi prodotti o i prodotti degli altri, ogni volta devi ricominciare da zero, e può essere molto frustrante. La soluzione c'è ed è nel **fidelizzare** i clienti: lo puoi fare agevolmente attraverso una **newsletter**.

Raccogli i dati delle persone che hanno comprato tuoi prodotti o che ti chiedono informazioni su qualcosa. Come ti dicevo, è obbligatorio il consenso al trattamento dei dati personali, quindi prevedi un'informativa alla privacy dove dici: "Il tuo indirizzo email, fornito attraverso questo modulo, viene rispettato, non viene ceduto a terzi, viene usato solo per questo, questo e quest'altro fine. In qualsiasi momento puoi cancellarti. Il titolare del trattamento sono io", quindi metti il tuo nome e cognome o la denominazione della tua azienda.

La newsletter è la ricchezza a lungo termine. Oggi hai un prodotto e lo vendi, guadagni 1.000, 2.000, 3.000 o 5.000 euro, però, una volta effettuata una vendita, ti trovi nella condizioni di ricominciare da capo: devi inventarti un prodotto nuovo, raccogliere nuova clientela e intanto sperare che il prodotto vecchio continui a vendere a vita. La ricchezza sta nell'avere clienti fissi, fidelizzati. Persone che comprano qualsiasi cosa tu proponga di nuovo. Io sono il primo che compro tutto quello che trovo su marketing, PNL e comunicazione. Ci sono dei siti cui sono affezionato, dei produttori che secondo me lavorano molto bene, dai quali acquisto automaticamente ogni nuovo prodotto. Anzi, raccomando loro: "Avvertitemi non appena esce una novità affinché io possa essere fra i primi ad averla. Consideratela già comprata". Sarebbe bello avere dei clienti come me, non è vero?

Vale comunque la pena mettersi nelle giuste condizioni perché ciò avvenga. Ci sono delle persone che ti seguono perché soddisfatte del tuo modo di lavorare. Ogni volta che noi immettiamo un prodotto nuovo sul mercato, ci sono quei 50-100 clienti che sono i primi a comprare e che ormai conosco per nome perché sono sempre gli stessi. Esce il prodotto e loro ci sono, so che l'ordine già esiste da qualche parte, perché sono affezionati, perché gli piacciono i prodotti e quindi continuano ad acquistarli.

Gli americani dicono: *"Gold is in the list"*, cioè l'oro è nell'avere la lista degli indirizzi dei tuoi clienti. Per loro è più importante raccogliere l'indirizzo email del cliente che non concludere oggi una vendita, perché raccogliendo tanti indirizzi email, domani avranno una clientela consolidata nel tempo.

La newsletter è uno strumento che ti aiuta a fidelizzare i tuoi clienti e quindi a farli ritornare sul tuo sito.
Una risorsa importantissima per creare liste di contatti è GetResponse.

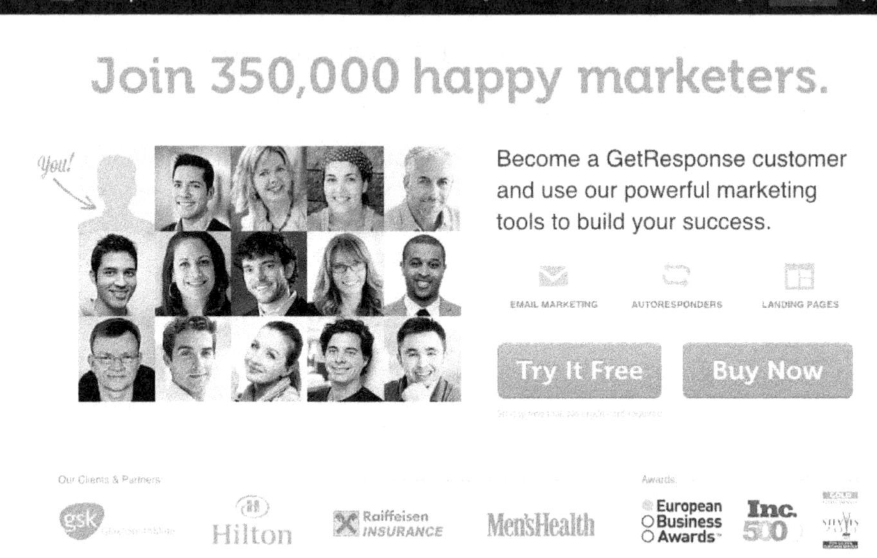

È un servizio americano molto efficiente e anche se non è in italiano, è molto facile da usare. È una cosa un po' diversa dalla classica newsletter, è un **"autorisponditore"**, ovvero è un servizio che una volta impostato invia automaticamente dei messaggi email alle persone iscritte. Come funziona? Diciamo che tu voglia creare un *corso online* sulle ricette da distribuire gratuitamente, giusto per raccogliere indirizzi email e trovare una cerchia di persone che ti seguono. Bene,ti crei un account su GetResponse, imposti le varie lezioni gratuite sulle ricette e inserisci il modulo per iscriversi nel tuo sito. Quando la persona si iscrive tramite il modulo, in maniera del tutto automatica le arrivano le lezioni del tuo corso di ricette. La prima dopo una settimana, la seconda dopo due settimane e così via, a seconda di come tu hai scelto le varie durate.

Quindi mentre tramite la newsletter io un giorno invio a tutte e 200.000 le persone un unico messaggio con su scritto: "Oggi esce l'Ebook Fare Soldi Online", l'autorisponditore lavora automaticamente in base alla traccia da te decisa. Tu imposti dieci lezioni nell'autorisponditore: lezione 1 - ricetta del kebab; lezione 2 - ricetta degli involtini primavera; lezione 3 - e così via. Nel momento in cui la persona si iscrive, riceve la prima lezione, dopo una settimana la seconda e settimanalmente o secondo la cadenza voluta da te, tutte le altre fino all'ultima. Questo avviene in maniera totalmente automatica, non ti devi ricordare di farlo, l'autorisponditore lo fa per te e lo fa per ciascun utente che si iscrive, indipendentemente da quando si iscrive. Invece di creare un Ebook scaricabile imposti dei corsi online, per esempio, gratuiti. Ecco un esempio graficamente molto accattivante di richiesta di iscrizione ad un corso online gratuito:

Il bello di tutto questo è che non appena ci si iscrive, si riceve la prima lezione, dopo una settimana la seconda e così via secondo le scadenze che hai impostato. È un concetto piuttosto diverso da quello della newsletter, non è un messaggio uguale per tutti, ma personalizzato in base ai tempi di iscrizione di ogni persona. Poi, per tornare all'Upsell, nell'ultima pagina di ogni lezione puoi proporre l'acquisto di un prodotto correlato, come, ad esempio, un bel videocorso.

Studi americani dicono che il **50%** delle persone compra al primo messaggio di invito, il restante **50%** compra in tempi diversi. Alcuni al 2° messaggio, alcuni al 3°, alcuni al 4°, altri al 5° o al 6°. Se al 6° messaggio non hanno comprato vuol dire che li hai persi, oppure la percentuale di chi compra dopo il 6° messaggio è talmente minima da non far più testo. Significa che se ti limiti al semplice messaggio in newsletter dicendo: "Solo per una volta offro questo prodotto", bene, otterrai di concludere il 50% delle potenziali vendite e perdi il restante 50%. Al contrario se riproponi ad ogni cliente un messaggio riguardante sempre lo stesso prodotto almeno 6 volte e gli dici: "Compra questo, compra questo, compra questo, compra questo...", alla fine è quasi certo che lo venderai a tutti coloro che sono interessati e ad un'ottima percentuale degli indecisi.

Solo che non puoi martellare una persona sei volte con la stessa pubblicità, perché altrimenti si cancella. Se invece crei un **corso online**, tipo: "Guida gratuita a questo prodotto. Iscriviti", ed ogni volta gli offri lezioni con dei contenuti interessanti, di qualità, il cliente non si dispiacerà se alla fine alleghi un messaggio con su scritto: "Se vuoi approfondire visita il sito di questo prodotto", e aggiungi il link. In questo modo, dopo almeno 6 lezioni e quindi altrettanti messaggi, riesci ad arrivare ad ottenere il 100% delle vendite potenziali. Quindi se 100 persone sono interessate, riuscirai a vendere a tutte. Perciò invece di limitarti ad un solo messaggio vendendo il prodotto al 50% delle persone, con questi autorisponditori, in maniera automatica, lo puoi vendere a tutti.

GetResponse è un autorisponditore per creare corsi online o lezioni gratuite completamente automatizzati.

In Italia non li usano in molti, perché comunque è un sistema che va impostato e necessita di contenuti di qualità da proporre. Ma chi li usa ottiene un grande ritorno sulle vendite. Ad esempio noi abbiamo creato degli autorisponditori dedicati esclusivamente ai nostri clienti. Con The Social Millionaire™ abbiamo creato un sistema completo per acquisire contatti da facebook, aumentare le vendite e alzare i profitti e abbiamo messo a disposizione <u>4 video gratuiti</u> per applicarlo a qualsiasi settore.

Come fai, con buona certezza, a farti lasciare l'indirizzo email? C'è molta diffidenza nel cedere i propri dati personali ed in particolare l'indirizzo email ad estranei. Siamo abituati a ricevere tonnellate di spam e messaggi non richiesti, molte newsletter sono delle noie mortali, devi creare ai tuoi iscritti un **beneficio immediato** perché si fidino di te. Non dire: "Iscriviti alla newsletter", perché le persone non si convincono così, invece prova a dire: "Scarica gratis questi video ed iscriviti alla newsletter", è diverso, la persona pensa: "Ok, mi iscrivo però ho in dono 4 video, un beneficio immediato, lo sento subito, lo posso toccare, lo associo a piacere". Rientra nel principio di reciprocità.

ESERCIZIO - Scrivi tre idee per pubblicizzare Ebook o corsi online da offrire gratis, anche Ebook di 20 pagine vanno benissimo, in cambio dell'iscrizione ad una newsletter. Un qualcosa da offrire come beneficio principale per l'iscrizione alla newsletter. Pensa a tre possibili idee di Ebook, guide, corsi online:

Hai trovato buone idee? A noi le buone idee sono valse oro, infatti **Bruno Editore**, come dominio, è stato registrato nel settembre 2002, e fino a dicembre 2003, non abbiamo venduto nulla, nel senso che non c'erano prodotti da vendere, avevo creato un sito nato dalla mia passione. Io ho conosciuto la PNL, sono venuto in contatto col modo della formazione, in giovanissima età e me ne sono subito appassionato. Negli anni la motivazione a formarmi in questo campo è cresciuta sempre più e mi sono talmente appassionato, innamorato di questa materia che ad un certo punto ho pensato: "Voglio divulgare questo messaggio, voglio che tutti sappiano queste cose". Nel tempo ho creato centinaia di lezioni gratuite su tutto ciò che avevo letto, tutto ciò che mi aveva appassionato nei mesi e negli anni precedenti: la seduzione, l'amore, la comunicazione, la crescita professionale, il lavoro e nel tempo aggiungevo altro materiale. Questo è stato il mio successo, perché il sito è nato dalla **passione**. Quando tu trasmetti passione le persone se ne accorgono e ti seguono, così come è accaduto anche per il sito di videogiochi, il sito di cellulari, anch'essi nati per passione.

Come mai tutti i miei siti hanno avuto successo? Se facessimo un lavoro di modellamento su di me in chiave PNL, troveremmo tra di essi diverse cose in comune. Non è un caso, non è fortuna perché si è cavalcata l'onda del boom di un dato prodotto, è che se fai una cosa per passione e offri un valore alle persone, come ti ho detto più volte, queste ti apprezzeranno e parleranno bene di te creando un circolo virtuoso attraverso il passaparola che poi è lo strumento più efficace nel marketing.

Io non ho messo un solo annuncio su Google nei primi anni di vita del sito: non ne ho avuto bisogno perché le persone mi arrivavano attraverso il passaparola. Ed offrendo materiale gratuito, lezioni gratuite, Ebook gratuiti, abbiamo ottenuto 150.000 iscritti in 15 mesi, una media di 10.000 iscritti al mese, che sono un'enormità. Io sono innamorato di internet per l'immenso potenziale che ha. Rifletti su questo punto, quale rivista può vantare 150.000 abbonati? Nessuna, neanche i più grandi quotidiani. Né possono raggiungere i loro acquirenti come e quando vogliono, tramite un semplice clic, senza spendere nulla.

Pensa al direct marketing tradizionale. Ti munisci di buste e francobolli, inserisci le brochure, mandi i plichi per posta. Solo di carta e materiale spendi migliaia di euro, di spedizione e francobolli altrettanto, di personale che ti fa questo lavoro ancora di più. Internet offre possibilità infinite a costo zero, è lo strumento più potente che si possa avere, qualsiasi età tu abbia.

Le persone non più giovanissime spesso mi confessano di avere problemi ad utilizzare il computer, ad esempio per il discorso della creazione del sito, e io spiego loro che il **blog** è la risposta più immediata e semplice per iniziare. In cinque minuti anche il meno esperto di internet sarebbe in grado di creare e configurare un nuovo blog e iniziare a creare contenuti. E quindi a guadagnare soldi.

Uno dei nostri migliori affiliati è una signora della veneranda età di 73 anni! Alla faccia di tutti i 40enni e 50enni sfiduciati nelle loro possibilità di usare il computer. Questa signora ci scrive in continuazione per chiederci consigli e ottiene ottimi risultati. Addirittura una volta ci ha segnalato un nuovo servizio di pubblicità via cellulare offerto da Google. Io non ne ero a conoscenza e lei sì. Straordinario!

Questo è un lavoro semplicissimo, alla portata di tutti, occorre solo avere il giusto atteggiamento mentale. I risultati arrivano se metti passione in quello che fai, come credo accada in qualsiasi altro lavoro. Sia che tu sia imprenditore, professionista o dipendente se non lavori con passione perché, magari, non ti piace il lavoro che fai, non ottieni risultati.

Anche se all'inizio devi fare qualcosa gratis va bene, però io ti insegno anche strategie per guadagnare da subito. Magari ti toccherà investire dei soldi in pubblicità per avere i primi visitatori, ma quei soldi ti verranno ripagati subito, non tra dieci mesi, sei anni, subito, con carta di credito sul tuo conto. Basta creare un prodotto o vendere il prodotto di altri.

Come ti dicevo, se noi abbiamo totalizzato 150.000 iscritti nel primo anno e mezzo, ed altri 70-80 mila negli ultimi anni questo significa qualcosa. Vuol dire che il prodotto funziona, che il servizio funziona, che c'è valore aggiunto, che seppure una persona ogni tanto si cancella se ne aggiungono talmente tante altre ogni giorno che il servizio è cresciuto tantissimo.

Attualmente attraverso un semplice clic posso raggiungere oltre 200.000 persone ed informarle del fatto che ho lanciato un nuovo prodotto. Le persone che mi seguono da mesi o anni, non vedono l'ora che io lo faccia. Se poi io consiglio loro un prodotto di altri, lo comprano perché si fidano di me e della mia competenza in materia. Se io dico: "Questo libro è straordinario" sono sicuro che i miei clienti lo acquisteranno ad occhi chiusi perché c'è oramai un certo tipo di rapporto con loro. Non sempre percepisco una commissione sulle vendite, io consiglio testi semplicemente perché li considero realmente validi, senza aver preso nessun precedente accordo con l'autore, o magari perché si tratta di libri di colleghi che stimo.

È importante che nel momento in cui cominci ad avere degli indirizzi di persone che ti seguono, non li consideri solo come contatti o come una rendita, ma come persone. Utilizza sempre il tu, sia nel sito che nella newsletter. La newsletter può essere strutturata esattamente come il sito: qualsiasi cosa tu pubblicizzi gli ingredienti sono sempre benefici, informazioni, rassicurazioni.

Devi creare un rapporto umano con i tuoi clienti e offrirgli sempre servizi di alta qualità.

Questo è molto importante, crea fiducia, crea un rapporto. Creare rapport, sintonia con le persone è la base della PNL. Queste persone diverranno tue amiche. In America c'è una differenza in termini fra *costumer* e *client*. In italiano si traduce in entrambe i casi con la parola cliente, oltreoceano non è così.

Mentre *costumer* è un qualcosa di più esterno, è un cliente nel senso più asettico del termine, col termine *client*, invece, si fa riferimento a qualcuno con cui si ha un rapporto molto stretto, quasi familiare, è come dire che la persona "fa parte della mia cerchia". Viene anche usato nel gergo mafioso per parlare di qualcuno che fa parte della famiglia.

Io i miei iscritti e i miei visitatori li vedo come *client*, cioè sono persone che io seguo, mandando loro ogni settimana informazioni, notizie su prodotti ed eventi anche esterni alla mia attività, senza necessariamente un ritorno monetario, ma anche solo per passione.

RIEPILOGO DEL GIORNO 7:

- I programmi di affiliazione ti danno leva finanziaria perché ti permettono di rivendere i prodotti fatti da altri.

- La newsletter è uno strumento che ti aiuta a fidelizzare i tuoi clienti e quindi a farli ritornare sul tuo sito.

- Con Yahoo Gruppi puoi creare una tua newsletter in maniera veloce e gratuita.

- GetResponse è un autorisponditore per creare corsi online o lezioni gratuite completamente automatizzati.

- Devi creare un rapporto umano con i tuoi clienti e offrirgli sempre servizi di alta qualità.

GIORNO 8:

Posizionamento del tuo Personal Brand

Negli ultimi anni, la scelta di una nicchia e la realizzazione di una forte autorità nel settore sono diventati fondamentali per far percepire agli acquirenti i dati che fornisci come veri e giusti, proprio perché provengono da una persona riconosciuta come esperta e autorevole. Ti spiegherò ora come individuare la tua nicchia e le strategie per posizionare il tuo brand.

Esistono delle tecniche che le grandi compagnie utilizzano per posizionare il proprio brand con successo. Io le ho studiate e ti assicuro che possono essere applicate a qualsiasi azienda, prodotto e anche al brand personale: tu, la tua persona, ciò che vuoi trasmettere agli altri.

Ho esposto in maniera approfondita i segreti del Posizionamento nel mio ebook *Posiziona il Tuo Brand*. Ora voglio riprendere per te quei concetti e spiegarti come riuscire a trasmettere ciò che sei;

posizionare il tuo brand, infatti, significa proprio questo: comunicare attraverso strategie efficaci per aumentare il valore percepito dal consumatore e conquistare una posizione di successo all'interno del mercato.

Ti porto un esempio pratico preso dalla mia personale esperienza di editore. Gli ebook pubblicati dalla nostra casa editrice producono un volume di vendite variabile a seconda della notorietà dell'autore nel suo campo. Questa è una prova di quanto sia importante la percezione che i consumatori hanno rispetto all'autorità personale di chi offre il prodotto e, in questo caso, di chi scrive l'ebook.

Il trattamento che il pubblico riserva a un prodotto è questione di percezione.

Questo concetto è spiegato bene dalla PNL: un servizio o un prodotto può essere accolto più facilmente dal consumatore se questo percepisce dietro di essi una serie di fattori positivi: stima, fiducia, credibilità, trasparenza ecc.

Per posizionare con successo il tuo brand è fondamentale, quindi, che tu dia la massima importanza alla percezione che il pubblico ha di te.

Per prima cosa è necessario scegliere il tuo brand, associando a te stesso o al tuo prodotto una parola chiave, la keyword. Questa deve identificarti e tu devi essere identificato con essa. La keyword ti rappresenta e tu rappresenti ciò che la keyword identifica nella mente del consumatore. La scelta della keyword rappresenta la **Prima Legge del Posizionamento**.

Una keyword nuova, esclusiva, ideata da te può essere posizionata sul mercato più facilmente. Al contrario, una keyword generica e comune incontra maggiori difficoltà, ma il risultato è solido e duraturo.

Ti porto ancora la mia esperienza e il mio caso personale. La Bruno Editore è un caso di relazione biunivoca. Al brand "Bruno Editore" è strettamente associata la keyword "ebook", così quando si pensa alla Bruno Editore vengono in mente gli ebook e, viceversa, quando si pensa agli ebook viene in mente la Bruno

Editore. L'associazione è immediata e non solamente per gli autori e i lettori della nostra casa editrice, ma anche per la stampa e la televisione che riconoscono la nostra autorità nel settore.

Questo concetto è molto importante, perché se dei non addetti al settore arrivano a te, per motivi lavorativi o come potenziali clienti, significa che hai saputo creare una buona associazione tra l'argomento e il tuo brand.

Una keyword generica, dunque, ha portato nel nostro caso a un posizionamento stabile e ci ha conferito il primo posto nel nostro settore: siamo esperti, offriamo prodotti di qualità, ci distinguiamo sul mercato.

Non sempre questa associazione con una keyword generica porta al successo. Molto spesso si tratta di parole chiave già utilizzate e sfruttate, quindi per riuscire a distinguerti devi renderti riconoscibile, identificabile. Devi trovare la tua nicchia e ottimizzare il tuo posizionamento in base a questa.

Alcune grandi aziende hanno saputo legare il proprio nome alla keyword al punto da fare del proprio marchio una parola chiave. È il caso eclatante di Kleenex, di Scotch e di Jeep: sono entrate a far parte del nostro lessico quotidiano e noi le utilizziamo al posto di espressioni come "fazzoletto di carta", "nastro adesivo" e "fuoristrada" senza correre il pericolo di non essere compresi.

Arrivare a questo livello significa aver raggiunto un successo importante. Allo stesso tempo, significa aver lavorato bene, nel corso degli anni, sul posizionamento del proprio brand ed essersi costruiti un'autorevolezza senza confronti. Certamente la possibilità di avere a disposizione uno strumento ormai fondamentale come internet ha permesso di velocizzare tutto e la conquista del mercato può avvenire in tempi anche molto rapidi.

La prova di quello che ti sto dicendo è costituita da marchi anche molto giovani che, proprio grazie ad internet, hanno conquistato grosse fette di mercato e sono diventate dei colossi: non avevano una lunga storia alle spalle, ma offrivano un servizio innovativo e funzionante, al punto che sono stati gli stessi consumatori a diffonderne il marchio con il passaparola, come nel caso sensazionale di Google.

Per ottenere un certo posizionamento, dunque, la scelta della keyword non deve essere casuale. Ma come fare, nella pratica, a legare in una relazione biunivoca il tuo brand alla parola chiave?

Il segreto sta nell'essere il first, il primo della nicchia: questa è la **Seconda Legge del Posizionamento**. Trova il tuo settore, crea una nicchia che sia solo tua, perché solo chi arriva per primo viene ricordato.

Rispondi a questa domanda: chi è stato il primo uomo a sbarcare sulla luna? Armstrong. E chi è stato il secondo?

Per quanto cerchi di ricordarlo, non ti viene in mente. Non c'è spazio per chi arriva secondo, non se ne parla. Solo chi arriva per primo viene associato a un certo settore, a una data nicchia di mercato.

Io stesso ho identificato per la nostra casa editrice una nicchia all'interno del mercato dell'editoria. Nuove case editrici sbocciano, nuovi libri vengono pubblicati ogni giorno, in alcuni casi si riesce a far entrare i propri libri nelle librerie... Ma un'alta percentuale di queste case editrici non riesce a sopravvivere a lungo. Non volevo che la nostra casa editrice fosse una delle tante, al contrario volevo che si distinguesse, che fosse un punto di riferimento per il lettori. Ho scelto la mia nicchia, quella degli ebook, ed ora ne siamo i protagonisti indiscussi.

Anche in questo caso, la percezione che il cliente ha di te è basilare: non devi essere il primo ad arrivare sul mercato, ma il primo nella mente del cliente.

Il consumatore possiede delle proprie rappresentazioni mentali generate attraverso l'elaborazione di forme, suoni e sensazioni: essere il primo nella tua nicchia significa essere il primo nelle rappresentazioni mentali del consumatore.

Ricordati di questo aspetto, perché è importante se vuoi che il cliente resti fedele a te e alla tua offerta. Se sarai il primo nella sua mente, il cliente continuerà ad acquistare i tuoi prodotti anche quando vorrai aggiornarli e migliorarli nel tempo e i tuoi competitor cercheranno di eguagliarti.

Il lavoro da svolgere è intenso, richiede molta attenzione ai bisogni e alle esigenze del cliente. Devi riuscire ad offrire qualcosa di unico e studiare in anticipo una buona strategia per il suo posizionamento.

Ti porto ancora una volta un esempio pratico tratto dalla mia personale esperienza di editore. Pur non essendo stati i primi ad arrivare sul mercato dell'editoria digitale, siamo stati i primi a rendere il nostro prodotto accessibile e a trattare una vastità di argomenti pur restando nella nostra nicchia, quella degli ebook per la formazione, di cui siamo leader.

Se arrivi per primo e divieni leader del tuo settore lo resti nel corso degli anni, apportando il tuo contributo a migliorare la qualità della vita dei tuoi consumatori.

Ti ho spiegato come i concetti di keyword e first siano

fondamentali per diventare leader della tua nicchia ed è proprio la scelta di una nicchia a rappresentare la **Terza Legge del Posizionamento**. Bene, ma come scegliere una nicchia di mercato che sia tutta per te?

Il primo concetto che devi tenere in considerazione è quello di "divergenza". La divergenza porta ad una differenziazione, alla creazione di un tuo campo, anche se piccolissimo.

Spesso si parla di convergenza soprattutto per quanto riguarda il mercato tecnologico e sembra davvero che questa rappresenti il futuro. Pensiamo, ad esempio, ai telefoni cellulari che vengono implementati con funzioni sempre più numerose: oltre a telefonare, si può fotografare, si possono effettuare delle riprese e leggere degli ebook; tuttavia, la qualità proposta è quasi sempre inferiore rispetto a quella dei singoli dispositivi creati appositamente ed esclusivamente per svolgere quell'attività: la macchina fotografica, la videocamera, gli ebook reader.

Anche una volta individuata la tua nicchia, non devi fermarti, ma continuare a specializzarti fino a diventare il massimo esperto nel tuo ambito, quello al quale tutti vorranno rivolgersi.

Nella ricerca della tua nicchia ricordati che se un filone di prodotti funziona già bene, non è detto che i prodotti successivi ottengano lo stesso successo.

Esulo per una volta dalla mia esperienza personale, facendoti un esempio pratico di quello che ti sto spiegando in riferimento al mercato degli *energy drink*. Qual è la prima marca che ti viene in mente? La Red Bull, sicuramente. Questo perché è stata in grado di crearsi dal nulla una nicchia di mercato e di affermare la propria leadership. Naturalmente esistono altre marche anche importanti, come la Burn, ma a nessuno viene in mente se dico *energy drink*.

La Burn non è riuscita a creare l'associazione biunivoca con la keyword *energy drink*, proprio perché è arrivata seconda nel mercato e nella mente dei consumatori.

Fai tesoro, quindi, delle esperienze altrui e trai i giusti insegnamenti. Tu e il tuo prodotto non dovete arrivare secondi, al contrario, dovete essere riconosciuti come unici.

In generale, crearsi una nicchia più piccola modificando uno o più parametri è funziona bene. Tra le nicchie più note c'è quella creata dalla Polaroid, che ha ricavato un suo spazio più piccolo all'interno del settore, quello della carta fotografica, che era dominato dalla Kodak. In che modo ci è riuscita? Inventando la famosa macchina fotografica a stampa immediata.

Per farti altri esempi, torno alla mia esperienza personale di editore. Alcuni dei nostri autori sono riusciti a costruirsi una loro autorevolezza, a individuare le proprie parole chiave e a crearsi una propria nicchia. Altri ancora hanno invece lavorato all'interno di una nicchia già esistente.

Un ebook che ha venduto moltissime copie è *Lettura Veloce 3X*. L'argomento era stato già trattato da altri autori, ma io sono riuscito a specializzarmi e a ideare delle nuove tecniche, così ho concepito un metodo e gli ho dato un nome particolare.

Posso garantirti che proprio grazie a questo nome ho venduto tantissimo; l'edizione precedente, infatti, che si intitolava *Lettura Veloce in 7 Giorni*, non aveva venduto molto.

Ho riorganizzato il materiale, l'ho arricchito con nuovi aggiornamenti e ho cambiato il titolo: a seguito di questa operazione ha venduto moltissimo, perché la percezione che l'acquirente aveva dell'ebook era migliore.

Riassumendo, devi partire dal concetto di divergenza per ricavare la tua nicchia all'interno del mercato. Poi scava in essa, specializzati, rendi il tuo prodotto unico. Se il successo non dovesse arrivare, sii pronto ad apportare le modifiche e gli aggiornamenti giusti.

La scelta del titolo per il mio ebook si è rivelata fondamentale. Dopo keyword, first e nicchia, il quarto elemento da tenere in considerazione per ottenere un buon posizionamento è proprio quello del naming, ossia lo studio di un nome attraente e accattivante per il tuo prodotto. Questo concetto rappresenta la **Quarta Legge del Posizionamento**.

Il naming è un ramo del marketing che si occupa di assegnare un nome a un prodotto (ma anche a un'azienda) e, insieme ad esso, parte del suo destino. "Nomina sunt omina", ossia "i nomi sono presagi", possiamo dire insieme ai nostri antichi e sapienti predecessori.

Il nome che scegli, quindi, non deve essere casuale. Io stesso ho lavorato sul nostro brand. Come puoi vedere nell'immagine, il nome e il logo sono stati modificati affinché potessero descrivere meglio la nostra realtà che si era evoluta nel tempo. Eravamo cresciuti al punto che la sola keyword *autostima* non ci rappresentava più.

In generale, un nome specifico, che sia magari associato alla crescita personale e professionale, spesso funziona e se con esso riesci a colpire la fantasia del consumatore e a fargli percepire il valore del tuo prodotto, allora venderai indipendentemente dal prezzo.

Dopo aver individuato la tua nicchia e il nome del tuo prodotto, come puoi riuscire a diventare il leader del settore che hai scelto? La tua nicchia e un nome accattivante non ti saranno sufficienti. Devi dimostrare la tua competenza e far emergere la tua autorevolezza.

Parola chiave di questo passaggio è Demo, ossia "dimostra": questo rappresenta la **Quinta Legge del Posizionamento**.

Dimostrarci quale autorevolezza abbiano nel loro campo è ciò che chiediamo ai nostri autori nel momento in cui ci propongono di pubblicare i loro ebook. Capirlo da un semplice questionario o da un'email non è un lavoro semplice; proprio per questa ragione abbiamo ideato un modulo ben strutturato in cui l'aspirante autore può dimostrarci di essere qualcuno nel suo ambito, indicandoci le sue esperienze, le sue pubblicazioni, il suo sito web ecc. Volendo pubblicare materiale di qualità dobbiamo affidarne la scrittura a personalità che abbiano una determinata esperienza e che, possibilmente, siano già noti al pubblico interessato all'argomento.

Perché ti ho parlato della selezione dei nostri autori? Perché nel posizionamento del tuo brand la logica è la stessa: devi riuscire a dimostrare la tua autorevolezza per essere scelto tra tutte le proposte che il consumatore ha quotidianamente di fronte a sé.

È importante che ti dedichi alla tua visibilità: partecipa ai blog di settore, scrivi articoli ed ebook sull'argomento, diventa l'esperto che tutti riconoscono come tale. Lavora alla tua visibilità con qualità e intelligenza e, allo stesso tempo, osserva e modella il comportamento delle aziende di maggior successo: in questo modo puoi utilizzare a tuo vantaggio le loro tecniche vincenti.

A questo scopo internet fornisce delle opportunità che tu stesso puoi cogliere per dare il via ai tuoi progetti personali. Naturalmente puoi sfruttare anche gli strumenti offline per divulgare i tuoi lavori e farti conoscere per ciò che sei e per l'esperienza che hai maturato nel tuo campo.

Attraverso tutte e due queste tipologie di strumenti, online e offline, devi riuscire a persuadere il pubblico della tua competenza vissuta: serviti di racconti, aneddoti, esempi tratti dalla tua esperienza personale, narra la tua storia.

Ricordati che questo è il momento di agire con passione e per aiutare le persone a migliorare la propria vita. Non operare esclusivamente per business o per tornaconto personale: dispensa il tuo aiuto e renderai nota la tua competenza.

A questo proposito, voglio raccontarti la straordinaria storia di un nostro autore, Roland Del Vecchio e di come attraverso un free-ebook (un breve ebook che approfondisce un aspetto del proprio settore di competenza e che viene distribuito gratuitamente) è diventato un esperto agli occhi dei suoi lettori.

Roland fu contattato, attraverso il nostro blog, da una persona che lamentava problemi di balbuzie e che chiedeva di essere aiutato. Iniziarono a scambiarsi delle email private per cercare di superare insieme questa difficoltà. Quella persona iniziò a migliorare al punto che poi il problema scomparve.

Il nostro autore restò talmente soddisfatto da quanto era accaduto che volle pubblicare le email in un free-ebook, intitolato *La Libertà di Raimondo*, per aiutare altre persone con lo stesso problema.

La conclusione fu che molti lettori lo contattarono per delle consulenze, poiché riconoscevano in lui esperienza e affidabilità.

Questo episodio è esemplificativo di quanto possa essere importante avere come obiettivo quello di aiutare gli altri, senza pensare a un ritorno economico: dispensando il tuo aiuto, infatti, diffondi anche la tua competenza.

La vicenda accaduta al nostro autore conferma quanto ti ho già indicato in precedenza, ossia l'importanza del web per diffondere i tuoi lavori e far emergere la tua autorità. Il web è lo strumento principe per ottenere un buon posizionamento, la nostra **Sesta Legge del Posizionamento**.

Grazie al web 2.0 gli utenti sono diventati attivi, interagiscono, partecipano, commentano e pongono domande. I blog, i forum e i Social Network permettono di costruire delle relazioni online e di contattare le persone molto rapidamente.

Il web 2.0 è una componente fondamentale nella costruzione della propria reputazione: i commenti degli utenti, le recensioni dei prodotti, i pareri degli acquirenti viaggiano istantaneamente raggiungendo milioni di persone. Pensa all'importanza di tutto questo: utilizza il web 2.0 per praticare viral marketing e sfrutta le opportunità della tecnologia per affermare il tuo brand.

Chi non coglie le opportunità offerte dal web resta indietro e difficilmente il suo business riesce a sopravvivere.

Anche il mercato dell'editoria vivrà scenari di questo tipo: le case editrici devono capire l'importanza della rivoluzione rappresentata dall'editoria digitale con tutti i suoi vantaggi, a partire dall'abbattimento dei costi.

Ormai da molti anni la Bruno Editore ha scelto la sua nicchia diventando leader nel mercato degli ebook. Finalmente oggi anche altre case editrici stanno scegliendo di entrare in questo mercato e per farlo alcune si sono si rivolte a noi per alcuni progetti editoriali: Sperling & Kupfer, MyLife Edizioni e Dante Alighieri, solo per citarti alcune di quelle più note.

Con il tempo l'editoria digitale prenderà il sopravvento su quella cartacea e tutti gli editori dovranno entrare a far parte di questo mercato, se vogliono essere al passo con i tempi.

Anche tu devi essere al passo con i tempi e cogliere le opportunità del web. Quindi, partecipa attivamente, scrivi articoli e commenti, distribuisci materiale gratuito che riguarda il tuo settore, rispondi a coloro che chiedono aiuto. Lo stesso YouTube, che ospita gratuitamente i video e ha un target vastissimo di utenti, può essere un canale utile a perseguire il tuo scopo.

Il web è un vantaggio per chiunque voglia pubblicare e farsi conoscere: sfruttalo al massimo, aggiorna le tue pagine, il tuo profilo, incuriosisci e fai conoscere la tua attività. La tua reputazione online deriva anche da questo.

Ricordati dell'importanza di comunicare con il tuo target di riferimento e del fatto che più sarai focalizzato sul tuo settore, maggiore sarà il successo. Rimanere focalizzato sul tuo settore è basilare per non disorientare il pubblico, questa è la **Settima Legge del Posizionamento**.

Se sei esperto di un certo campo non lo puoi cambiare repentinamente: andare nella direzione opposta a quella di tua competenza significa commettere un errore e non ottenere il successo sperato.

Come ti ho già detto, una volta individuata la tua nicchia, scava ancora, specializzati e diventa l'esperto del settore.

Anche se i tempi cambiano e i mercati evolvono, è bene tenere presente sempre il proprio focus. Torniamo un momento all'esempio di Polaroid e alla sua fotocamera che era diventata ormai obsoleta. Come ha reagito di fronte alle innovazioni tecnologiche? Si è aggiornata, ovviamente, ma non ha mai perso di vista la stampa istantanea, il punto di forza che l'ha resa leader della sua nicchia.

Se il tuo brand è legato a una nicchia non deve uscirne, piuttosto, se si vogliono esplorare nuovi settori di mercato, la strategia da seguire è quella di creare dei sotto-brand, dei marchi separati: in questo modo il marchio originario non viene messo in pericolo e quello di nuova creazione può più facilmente divenire leader della nicchia relativa.

La scelta di tagliare ogni estensione di linea dal tuo brand principale è certamente un sacrificio, ma ti assicuro che sul lungo termine è questa la strategia vincente.

Io stesso ho dovuto tagliare alcuni servizi e prodotti per potermi dedicare solamente agli ebook. Ti assicuro che non è stato facile rinunciare ai corsi, al coaching, ai libri ecc. Ma è stato necessario per concentrare tutti gli sforzi sul mio progetto di portare gli ebook nei computer e negli ebook reader di tutti gli italiani. Le mie competenze ruotano attorno alla mia parola chiave ebook, ne sono autore, editore e ne curo un osservatorio: sono l'esperto della mia nicchia.

Ricordati di questo concetto, perché è basilare: volendo fare tutto si perde tutto. Specializzandosi in un solo ambito se ne diventa leader.

Naturalmente se hai già praticato un'estensione di linea sporcando e indebolendo il tuo brand, puoi sempre rimediare. In che modo? Cercando di capire a cosa ti associano i tuoi clienti e individuando il filo conduttore che lega i tuoi prodotti: come ho già sottolineato all'inizio del capitolo, ciò che importa è la percezione che il pubblico ha di te.

Riassumendo, ricordati che devi concentrare i tuoi sforzi sul focus che hai scelto, non praticare estensioni di linea con uno stesso brand: rischieresti di indebolirlo. Se vuoi esplorare nuovi settori crea dei sotto-brand distinti da quello originario.

A conclusione di questo capitolo voglio ricapitolare con te le **Sette Leggi del Posizionamento**.

Prima Legge: associa te stesso o il tuo prodotto a una **keyword** in una relazione biunivoca.

Seconda Legge: sii il **first**, il primo della tua nicchia. Creati uno spazio di cui essere leader, per arrivare primo nella mente del pubblico e restarlo nei decenni.

Terza Legge: trova una **nicchia**, anche se piccolissima, che sia solamente tua e in cui tu possa specializzarti continuamente raggiungendo i risultati migliori.

Quarta Legge: è quella del **naming**. Trova un nome che sia particolare, che ti rappresenti, che sia immediatamente associabile a te e al valore del tuo prodotto.

Quinta Legge: demo, ossia dimostra la tua preparazione, dai prova delle tue competenze, racconta le tue esperienze vissute.

Sesta Legge: è rappresentata dal **web**, ossia lo strumento principale per poter diffondere tutto ciò che hai creato. Sfruttalo il più possibile per crearti una reputazione da esperto e guadagnare visibilità.

Settima Legge: una volta costruito il tuo Personal Brand, non perdere di vista il tuo **focus**: più resterai focalizzato e migliori saranno i tuoi risultati.

Ti suggerisco di seguire queste Sette Leggi del Posizionamento per lavorare al tuo Personal Brand: solo prestando la giusta attenzione a questi aspetti e occupandoti del tuo brand in maniera strategica riuscirai fare soldi online ancora oggi, distinguendoti dalla concorrenza e superando le difficoltà del mercato.

RIEPILOGO DEL GIORNO 8:

- Per posizionare con successo il tuo brand è fondamentale che tu dia la massima importanza alla percezione che il pubblico ha di te.

- L'associazione del tuo brand a una keyword è il primo passo per posizionare il tuo brand e renderlo riconoscibile e identificabile.

- Essere il first, il primo della tua nicchia di mercato significa esserlo nella mente dei tuoi clienti. Se sei il primo a diffondere il prodotto, riesci a conquistarti una leadership che resta tua negli anni.

- Devi partire dal concetto di divergenza per ricavare la tua nicchia all'interno del mercato. Poi scava all'interno di essa, specializzati, rendi il tuo prodotto unico. Se il successo non dovesse arrivare, sii pronto ad apportare le modifiche e gli aggiornamenti giusti.

- Il naming è una componente molto importante per posizionare il tuo prodotto. Un nome molto specifico, che stimola la fantasia e che mostra il valore del tuo prodotto è spesso sinonimo di successo.

- Dimostra la tua competenza, utilizza il web e gli strumenti offline per ricavare maggiore visibilità a te stesso e al tuo prodotto, ma, soprattutto, agisci con l'obiettivo di aiutare gli altri: la tua autorità emergerà di conseguenza.

- Il web rappresenta il principale strumento di viral marketing: sfruttalo a tuo vantaggio, cogli le opportunità che offre creandoti una solida reputazione online e acquisendo visibilità.

- Concentra i tuoi sforzi sul focus che hai scelto, non praticare estensioni di linea con uno stesso brand: rischieresti di indebolirlo. Se vuoi esplorare nuovi settori, crea dei sotto-brand distinti da quello originario.

CASI DI STUDIO

Ti rendi conto ora delle potenzialità di internet? E ti rendi conto che questa è la guida più preziosa che ti sia capitata nelle mani?

Adesso tu potresti pensare che è facile raggiungere questi risultati con la mia esperienza e i miei prodotti di altissima qualità. E che quindi per te è più difficile. Invece per un attimo immagina di avere a disposizione tutti i miei prodotti. E immagina di avere me in persona per la gestione del sito e per l'ottimizzazione delle pagine. Ti piacerebbe?

Bene, sappi che questa immagine è molto facile da realizzare per te, infatti ti basta partecipare al programma di affiliazione di Bruno Editore. E allora immagina di aver messo 1.000 euro su Google per promuovere questi prodotti. Immagina di aver guadagnato in commissioni fino a 500 euro per un solo acquisto.

Un ritorno sull'investimento strepitoso senza aver fatto assolutamente nulla, senza aver creato nessun prodotto, senza essere esperto di siti web né di web marketing. Allora sì che tu avrai davvero raggiunto quella libertà finanziaria che ti darà più tempo libero, più libertà di scelta, più qualità nella tua vita.

Attenzione, non è un Programma di Affiliazione "all'Americana" o *Fast Affiliate*, tipo questo:

Si tratta bensì di un programma completamente pensato e realizzato per il Mercato Italiano. Che significa questo in termini pratici?.

Questo innovativo <u>Programma di Affiliazione</u>, a differenza degli altri, non registra solo i tuoi Click e le tue vendite, ma anche tutte quelle persone che s'**ISCRIVONO ALLA NEWSLETTER.**

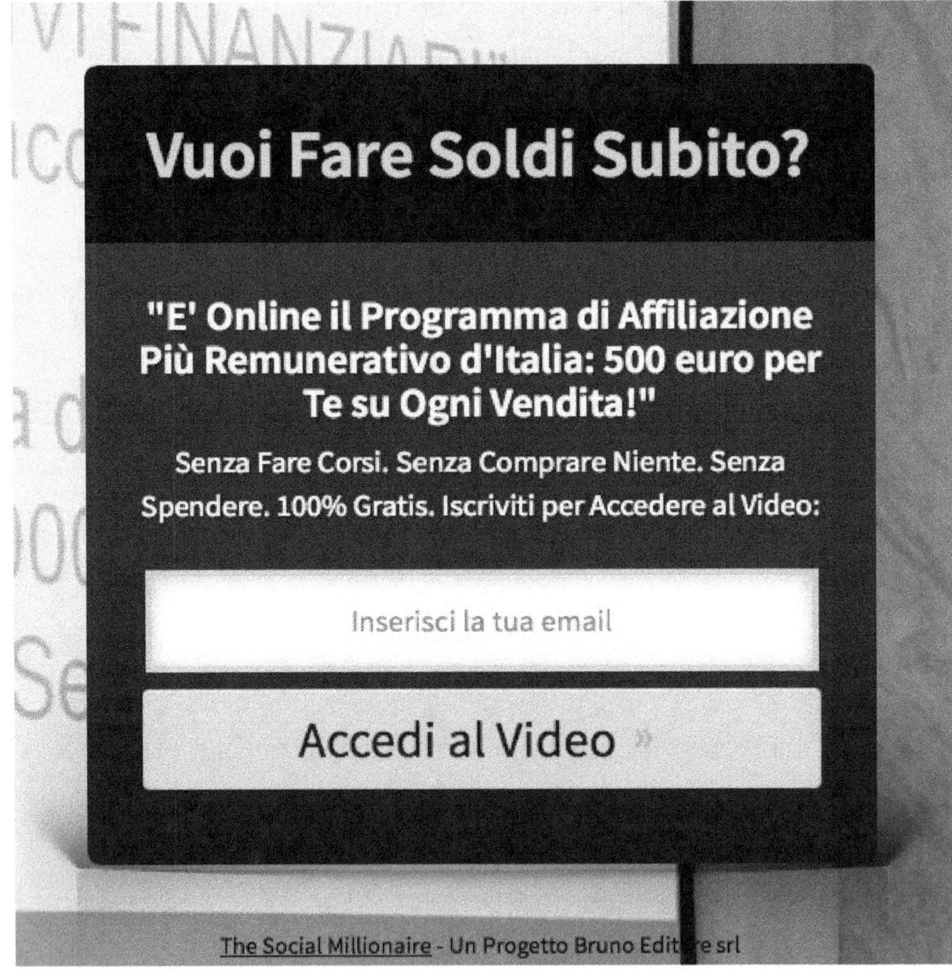

Torniamo alle due ipotesi di prima:

1) Il Cliente capisce di essere poco interessato all'argomento.

2) Riceve email o <u>Omaggi</u> interessanti e decide di acquistare, cliccando direttamente sui link che vede al loro interno.

Nel primo caso hai comunque molte speranze che esso decida comunque di acquistare qualche cosa, grazie al <u>programma di Affiliazione della Bruno Editore</u>. Acquista il Prodotto e tu ricevi comunque la tua Commissione.

Nel secondo caso poi non ti devi nemmeno preoccupare in quanto, come hai appena visto, in Autostima sono registrati anche gli Iscritti alle Newsletter quindi anche se il Cliente acquista direttamente dal link dell'email, tu ricevi la tua Commissione, indipendentemente dal suo Cookie.

Questo è **Rivoluzionario**: dal momento che il Cliente entra in newsletter, ti crea in effetti una Rendita automatica.

In pratica è come se tu gli proponi anche una **TUA** Newsletter guadagnando su tutti i prodotti. Solo che è molto più comodo, perché non ti devi occupare delle email da inviare, non devi avere un autoresponder o nessun programma d'invio email, pensano a tutto loro!

Quest'aspetto è importantissimo, perché differenzia questo Sito da tutti gli altri che ti propongono un Affiliazione normale, *FAST,* in cui guadagni solo dai link di Affiliato e non dalle email e newsletter. In pratica una volta che guadagni un Cliente, non lo perdi ma resta tuo per dieci anni, in pratica per sempre!

CONCLUSIONE

Ritengo che tu sia pronto a partire. Se ti conosco bene, sono certo che hai letto questa guida tutta di seguito, senza fare pause, senza fare esercizi, senza prendere decisioni sul tuo prodotto. È vero o no?

Bene, vuol dire che sei molto motivato e determinato. Allora adesso datti da fare, rileggi la guida da capo e mettiti seriamente al lavoro. Prendi le tue decisioni, cerca un amico che possa realizzare la tua pagina web oppure iscriviti al programma di affiliazione e inizia subito.

Decine di persone che hanno frequentato il nostro corso Fare Soldi Online™ hanno realizzato idee strepitose e hanno creato rendite di denaro costanti in soli 7 giorni.

Puoi essere uno di quei fannulloni che non agiscono pur avendo in mano delle strategie d'oro, oppure puoi darti da fare e ottenere risultati. Ora sta a te decidere.

Certo, se uno è esperto di internet, forse alcuni di questi segreti già li conosceva, ma se è davvero così esperto e ancora non ha imparato a fare soldi, allora una bella ripassata gli fa bene e forse lo stimola all'impegno. Ma se non ci metti impegno, allora stai sicuro che di risultati ne raggiungi pochi nella vita.

Io ho cominciato così. Ero scettico, non mi fidavo degli altri. Ma mi sono fidato delle mie capacità e ci ho provato. In genere provare costa solo un po' del tuo tempo. Provaci, male che vada non funziona e avrai comunque imparato un mestiere nuovo e avrai imparato tanti preziosi segreti di web marketing.

Ma se va bene potrebbe essere anche per te la svolta concreta della tua vita. Addio debiti, addio al capo, addio a quel lavoro che proprio non ti piace. Più serenità, più sicurezza, più tempo libero.

In bocca al lupo!
Giacomo Bruno